Michel de Paillerets

Thomas von Aquin

Michel de Paillerets

Thomas von Aquin

Skizze eines Lebens

Verlag Neue Stadt
München • Zürich • Wien

Ein Buch aus der Reihe
Große Gestalten des Glaubens

Titel der Originalausgabe:
Petite Vie de Thomas d'Aquin

Übersetzung aus dem Französischen: Karl Pichler

Die Deutsche Bibliothek – CIP-Einheitsaufnahme
Paillerets, Michel de
Thomas von Aquin : Skizze eines Lebens /
Michel de Paillerets.
[Übers. aus dem Franz.: Karl Pichler].
– 1. Aufl. – München ; Zürich ; Wien :
Verl. Neue Stadt, 1995
(Grosse Gestalten des Glaubens)
Einheitssacht.: Petite Vie de Thomas d'Aquin <dt.>
ISBN 3-87996-327-4

1995, 1. Auflage

Umschlagabbildung: Fra Angelico, Detail aus dem „Altar von Fiesole", um 1430
Illustrationen: Bibliothèque du Saulchoir
Satz und Gestaltung: Neue–Stadt–Grafik
Druck: MZ-Verlagsdruckerei, Memmingen
ISBN 3–87996–327–4

Vorwort

Thomas von Aquin, dessen Leben in diesem Buch skizziert wird, gehörte dem Dominikanerorden an. Die Predigerbrüder, wie die Dominikaner auch genannt werden, wollen Jesus folgen, der umherreiste und vielen Menschen das Reich Gottes verkündete. Sie sehen ihre Aufgabe in der Verkündigung der Frohen Botschaft, sie möchten davon Zeugnis ablegen, was sie durch ihr Leben und durch ihr Studium von Gott verstanden und erfahren haben (Contemplata aliis tradere).

Thomas, so wird in den alten Quellen immer wieder bezeugt, besaß nicht nur eine überragende Intelligenz, sondern auch ein reines Herz. In ihm verband sich das Wissen um die Fragen der Menschen mit der Gabe, Gott zu schauen. In über hundert Werken hat er versucht, darzulegen, was er von Gott und von der Welt verstanden hat. Dennoch blieb am Ende seines arbeitsreichen, nicht einmal fünfzig Jahre währenden Lebens eine Unzufriedenheit zurück. Er vertraut seinem Gefährten Reginald an: „Alles, was ich geschrieben habe, kommt mir vor wie Spreu, wenn ich es vergleiche mit dem, was ich geschaut habe.“ Dieses „leere Stroh“, diese seine Theologie war über ein halbes Jahrtausend die offizielle Theologie der katholischen Kirche. Und Thomas' Werke werden immer neu erforscht, führen auch heute noch zu neuen Entdeckungen.

In der Zeit unmittelbar vor und noch eine ganze Weile nach ihrer Konversion war Edith Stein der – weit verbreiteten – Auffassung, „ein religiöses Leben führen heiße alles Irdische aufgeben und nur im Gedanken an göttliche Dinge leben". Durch die Beschäftigung mit Thomas von Aquin erkannte die leidenschaftliche Sucherin nach der Wahrheit, daß „selbst im beschaulichsten Leben die Verbindung mit der Welt nicht durchschnitten werden darf. Ich glaube sogar", schreibt die Karmelitin, „je tiefer jemand in Gott hineingezogen wird, desto mehr muß er auch in diesem Sinn ‚aus sich herausgehen', d. h. in die Welt hinein, um das göttliche Leben in sie hineinzutragen. ... Daß es möglich sei, Wissenschaft als Gottesdienst zu betreiben, ist mir zuerst so recht am heiligen Thomas aufgegangen ..., und nur daraufhin habe ich mich entschließen können, wieder ernstlich an wissenschaftliches Arbeiten heranzugehen".

Michel de Paillerets, selbst Dominikaner, hat mehrere wissenschaftliche Werke über den großen Gelehrten verfaßt. In diesem kleinen Buch beschränkt er sich darauf, anhand der wenigen uns überlieferten biographischen Aufzeichnungen den Lebensweg eines Heiligen zu skizzieren.

Neue Stadt

Ein Adelssohn wird Predigerbruder

(1224 – 1245)

König Ludwig IX. der Heilige (1214 – 1270) lud eines Tages den Dominikaner Thomas von Aquin, Magister der Theologie an der Universität Paris, an seinen Tisch. Bruder Thomas folgte dem Gebot des Königs und der Aufforderung seines Priors, er verließ die Arbeit in seiner Zelle und ging zum König, der ihn an seiner Seite Platz nehmen ließ. Während des Mahls schlug Thomas plötzlich auf den Tisch: „Das ist es", rief er aus, „damit ist die Irrlehre der Manichäer erledigt."

Der Prior faßte ihn an seiner Kutte und forderte ihn auf, sich zu entschuldigen. Der König jedoch war voll Bewunderung für den Magister Thomas, dessen Geist so sehr von der Wahrheit des Glaubens in Beschlag genommen war, daß er darüber die alltäglichen Dinge vergaß. Er ließ einen Sekretär kommen, der sofort die Gedanken von Thomas schriftlich festhalten sollte.

Diese Geschichte, die von Künstlern oft dargestellt wurde, ist vielleicht nur eine Legende. Jedenfalls gehört sie zu den „Familiengeschichten" der Dominikaner, die wie alle Familien ihre eigenen Geschichten haben.

Sie wird mehr als fünfzig Jahre nach dem Ereignis vom Biographen des Heiligen, Wilhelm von Tocco, erzählt, der Zeugnisse für den Heiligsprechungsprozeß sammelte. Moderne Historiker werfen ein, Magister Thomas habe sich zu der Zeit, in der eine solche Einladung möglich gewesen wäre, bestimmt nicht mit den Manichäern beschäftigt. Es ist gut möglich, daß sie recht haben, aber auch eine Legende kann höchst aufschlußreich sein. Die erwähnte Geschichte zeigt, wie sehr das Denken von einem Menschen Besitz ergreifen kann, wenn er ganz erfüllt ist von der göttlichen Wahrheit, wenn er sein Lehren und Schreiben so in ihren Dienst gestellt hat, daß er ganz dieser Wahrheit lebt.

Die Erzählung bringt Thomas von Aquin in Verbindung mit Ludwig dem Heiligen. Dieser König unterhielt enge Beziehungen zu den Bettelorden, sowohl zu den Dominikanern wie zu den Franziskanern. Oft rief er den Franziskaner Odo Rigaldus, Erzbischof von Rouen, an seinen Hof. Odo nahm die Trauung einiger Kinder Ludwigs vor, Ludwig wies ihm einen Sitz im Parlament zu und beauftragte ihn mit diplomatischen Missionen. Ungeachtet gelegentlicher Differenzen hinsichtlich des weltlichen Regiments pflegte Ludwig IX. enge Beziehungen zum Papst und zu den Bischöfen, und den Orden war er in besonderer Weise zugetan. Sein Biograph Joinville schrieb dazu: „Der König liebte alle Menschen, die sich dem Dienst Gottes widmeten und das Ordensgewand trugen." Franziskaner und Dominikaner beteiligte sogar an der Regierung und betraute sie mit heiklen Aufgaben. Vor allem schätzte er sie als Menschen des Gebets, die nicht die Güter dieser Welt suchten, sondern ein Leben äußerster Kargheit führten. „Immer wenn er zum ersten Mal in eine Stadt seines Reiches kam, begab er sich nach Möglichkeit zu den Dominikanern und Franziskanern, um ihr Gebet zu erbitten." Es ist also durchaus denkbar, daß Ludwig Thomas von Aquin und dessen Prior an die königliche Tafel gebeten hat.

Thomas von Aquin an der Tafel König Ludwigs des Heiligen

Wir befinden uns in der Mitte des 13. Jahrhunderts, des großen Jahrhunderts des Mittelalters, in einer Zeit tiefgreifender ökonomischer und gesellschaftlicher Umwälzungen. Noch bestehen die feudalen Strukturen, doch gewinnen die Städte immer größere Bedeutung. Es ist das Zeitalter der gotischen Kathedralen, aber auch das Zeitalter, in dem sich die Universitäten herausbilden. In ihrem Umkreis entfaltet sich eine fruchtbare intellektuelle Tätigkeit, bedeutende Naturwissenschaftler, Philosophen und Theologen treten auf den Plan. Und deren alle überragende Gestalt ist der hl.Thomas von Aquin.

Sein Leben erstreckt sich über einen Zeitraum von knapp 50 Jahren, von 1224/25 bis 1274. Es kann mit wenigen Worten umschrieben werden: Er war Dominikaner, und er war Lehrer der Theologie. Das war seine ganze Tätigkeit, das faßt alles zusammen. Aus dem Leben des hl. Thomas von Aquin gibt es nicht viele äußere Begebenheiten zu berichten. Gleichwohl soll in dieser kurzen Biographie versucht werden, den Verlauf seines Lebens nachzuzeichnen.

Weniger als bei jedem anderen ist es bei Thomas möglich, das Leben vom Werk zu trennen. Magister und Studenten der Theologie und der Philosophie finden ihn in seinem Hauptwerk, der *Summa theologiae* (Summe der Theologie), und in seinen anderen Werken. Doch wollen wir auch wissen, was für ein Mensch er war. Über seinem Werk darf nicht seine Person vergessen werden, wie es lange Zeit der Fall war. Inzwischen liegen gründliche Untersuchungen von Historikern vor, so daß wir seinem Leben vom Anfang bis zum Ende folgen können.

Thomas wurde 1224 oder 1225 auf Roccasecca, einem auf einem Felsen gelegenen Schloß aus der Feudalzeit, geboren. Von dort weitet sich der Blick über große Ländereien, über die sein Vater, Graf Landulf, Herr von Aquino, herrschte. Der Vater, entfernt mit dem staufischen Kaiserhaus verschwägert, stammte aus lombardischem Adel. Er stand im Dienst des Kaisers Friedrich II., der wegen seines Kampfes gegen den Papst mehrmals exkommuniziert wurde. Roccasecca liegt in der Campagna, etwa 30 Kilometer nördlich von Neapel, es gehörte damals zum Königreich Sizilien. Die Mutter des hl. Thomas, Donna Theodora, war eine neapolitanische Adelige normannischer Abstammung. Landulf und Theodora hatten fünf oder sechs Söhne und wahrscheinlich ebensoviele Töchter.

Wir wollen uns nicht näher mit den mehr oder weniger mirakulösen Erzählungen befassen, die sich in Wilhelm von Toccos Vita des hl. Thomas um die Geburt des Kindes ranken. Wilhelm schrieb diese Vita 1317 im Auftrag der Dominikaner der Provinz Sizilien. Er sollte für den Heiligsprechungsprozeß einen Bericht für Papst Johannes XXII. in Avignon erstellen. Derartige hagiographische Literatur ist oft völlig unkritisch darauf aus, Überlieferungen aufzuspüren, welche schon von Geburt an die Heiligkeit der betreffenden Person ahnen lassen oder ankündigen. Ein wenig abgewandelt, findet man die gleichen Geschichten oft für verschiedene Heilige; es gibt eine eigene Literaturgattung, die für solche Erzählungen geradezu ein Schema bereithält.

Ähnliches gilt für die erbaulichen Geschichten aus der Kindheit unseres Heiligen. So wird etwa berichtet, der kleine Junge habe sich einmal geweigert, ein Stück Pergament loszulassen, und man habe dann entdeckt, daß die Worte „Ave Maria“ daraufstanden: ein Zeichen für die

Marienverehrung des künftigen Gelehrten. Ernster ist die Erzählung zu nehmen, der vier oder fünf Jahre alte Junge habe seinen Lehrern die Frage gestellt: „Wer ist Gott?" Das paßt gut zu diesem Fragealter, und offensichtlich hat man im nachhinein daran angeknüpft: „Was wird aus einem so frühreifen Kind noch werden?" Ein anderes Kind mag die gleiche Frage stellen, aber wer wird sie sein ganzes Leben lang stellen, wird nichts anderes suchen und klären wollen und sich nur danach sehnen, Gott zu sehen, auf den sein ganzes Leben ausgerichtet ist?

Gesichert scheint zu sein, daß Thomas im Alter von etwa fünf Jahren zu der nicht weit entfernt gelegenen Benediktinerabtei von Monte Cassino gebracht wurde, wo die Mönche eine Klosterschule unterhielten. Hier hat er seine erste Bildung erhalten. Das war in den herrschaftlichen Familien der damligen Zeit nichts Außergewöhnliches. Der kleine Thomas erhielt eine klösterliche Erziehung, nicht nur als Schüler, sondern auch als „Oblatus" der Benediktiner. Das heißt, daß seine Eltern die älteren Söhne für die Nachfolge ihres Vaters, des Grafen Landulf, vorgesehen hatten, und Thomas dem Kloster anvertrauten. Damit verbanden sie wohl die Hoffnung, er werde später eine wichtige Rolle in der Kirche spielen, zum Beispiel als Abt dieses bedeutenden Klosters. Es ist die Zeit des Feudalismus, wo das Weltliche und das Geistliche eng verbunden sind und ineinander übergehen.

Das Kloster liegt auf einer Anhöhe, von der aus man die Ebene der Campagna überblickt, etwa 75 Kilometer nordwestlich von Neapel. Es wurde vom hl. Benedikt im Jahre 529 gegründet und war eine mächtige Abtei. Bekanntlich wurden die Gebäude 1944 durch Bombardements der Alliierten völlig zerstört, aber dann mit Hilfe der Amerikaner nach den alten Plänen wiederaufgebaut. Anläßlich der Einweihung der wiederhergestellten Kirche hat Papst Paul VI. den hl. Benedikt zum Patron Europas proklamiert.

Thomas, der als Kind in diese ehrwürdige Abtei gebracht worden war, wurde dort eingekleidet und in die Lebensweise der Benediktiner eingeführt. Unter der Anleitung eines geistlichen Lehrers gliederte sich der Tagesablauf in Gebet und Arbeit. Thomas erhielt die Elementarbildung, wurde aber sicher bald auch in die Grundlagen der Logik und der Naturphilosophie eingeführt. Wilhelm von Tocco berichtet, daß er zur Freude seiner Lehrer und zur Erbauung seiner Mitschüler sich durch Frömmigkeit wie durch Lerneifer hervortat. Es gibt keinen Grund, das anzuzweifeln, wenn auch zur Zeit der Nachforschungen im Zusammenhang mit dem Heiligsprechungsprozeß keiner der Zeugen mehr lebte.

Allerdings fand Thomas' Aufenthalt auf Monte Cassino ein abruptes Ende. Das Kloster war schon längere Zeit in die politischen Machenschaften und Wechselfälle des bewaffneten Kampfes zwischen Anhängern des Kaisers und des Papstes verwickelt. Im Jahr 1239 exkommunizierte Papst Gregor IX. Kaiser Friedrich II. Dieser dachte jedoch nicht daran, sich zu unterwerfen, sondern baute Monte Cassino zu einer Festung aus und vertrieb die Mönche mitsamt den Schülern.

Wem gehörte Monte Cassino eigentlich? Dem Papst oder dem Kaiser? Und wichtiger noch: Wem waren die Menschen dort unterstellt? Der Historiker Yves Le Goff schreibt: „Es gab so viele Herren – die Kirche bzw. einzelne Kirchen, Städte, Fürsten und Könige –, daß die Menschen des Mittelalters oft nicht wußten, wem sie politisch untertan waren. Aber auch auf den Gebieten der Verwaltung und der Justiz zeigen die Auseinandersetzungen, die das ganze Mittelalter durchziehen, wie komplex die Situation war."[1]

Graf Landulf, der in Diensten Kaiser Friedrichs stand, holte seinen Sohn zurück nach Roccasecca und schickte ihn auf Rat des Abtes Stephan von Corbario an die Universität in Neapel. Diese „staatliche" Universität war im gleichen Jahr gegründet worden, in dem Thomas auf die Welt kam. Als er hier sein Studium beginnt, ist er etwa 15 Jahre alt. Er verbringt vier oder fünf Jahre in Neapel. Wie jeder Student, der damals die Universität besuchen wollte, mußte Thomas die *Artes liberales* – das heißt das *Trivium* mit Grammatik, Rhetorik und Dialektik und das *Quadrivium* mit Arithmetik, Geometrie, Astronomie und Musik – absolvieren. Gerne würden wir mehr über diese Jahre wissen, doch uns sind so gut wie keine Einzelheiten überliefert.

Thomas begann in Neapel mit dem Studium der Philosophie. Wir kennen die Namen von zwei Professoren, Magister Martin und Magister Petrus von Irland. Diese lasen die Fächer Logik und Naturwissenschaft, und sie vermittelten die Metaphysik des Aristoteles, von dessen Werken damals Übersetzungen in Umlauf kamen. (In Neapel sind die Schriften des Aristoteles übrigens nie verboten worden.)

Die Frömmigkeit des jungen Thomas stand hinter seinem Eifer für das Studium nicht zurück. Die geistliche Formung, die er bei den Benediktinern erhalten hatte, hatte nichts von ihrer Wirkkraft verloren. Er war zwar kein „Oblatus" mehr, wollte aber immer noch sein Leben dem Herrn weihen.

In Neapel gab es seit gut zehn Jahren einen Konvent der Dominikaner. Sicher war es eine recht kleine Gemeinschaft, denn auch in Neapel waren die Folgen der politischen Verwicklungen spürbar, und mehrere Brüder hatten das Kloster verlassen. Einen dieser Dominikaner, Bruder Johannes von Saint-Julien, der als Studentenseelsorger tätig war, wählte Thomas zu seinem geistlichen Führer. Wohl auf seinen Rat hin entschloß sich Thomas, um Aufnahme bei den Predigerbrüdern zu bitten.

Bei den Dominikanern machte er Bekanntschaft mit einem Ordensideal, das sich erheblich von dem Leben unterschied, das er in Monte Cassino kennengelernt hatte. Die Benediktiner und Zisterzienser lebten in großen Abteien, hatten weitläufige Besitztümer, aber weitab von den Städten. Daher hatten die Mönche wenig Kontakt mit Menschen außerhalb ihres Klosters. Im Gefüge der feudalen Welt übten die Abteien und der Abt an der Spitze großen Einfluß in ökonomischer, sozialer, politischer und natürlich in religiöser Hinsicht aus. Die Bettelorden, die zu Beginn des 13. Jahrhunderts entstanden, wollten sich gänzlich anderen Herausforderungen stellen. Franziskus von Assisi und Dominikus waren die Gründer dieser Gemeinschaften von Brüdern, die in den volkreichen Städten, besonders in Universitätsstädten, in Armut lebten, angewiesen auf die Almosen der Gläubigen.

Für die Dominikaner stand eine solide Unterweisung in den Wahrheiten des Glaubens im Vordergrund, denn sie wollten Prediger sein, und unter diesem Namen hatte sie Papst Honorius III. im Jahre 1217 anerkannt. Und sie wollten das Ideal der Armut mit dem der Wissenschaft in Verbindung bringen. Ihre Ordensregel war nicht weniger streng als die der alten Orden; sie sangen zu den Tageszeiten das Stundengebet, sie fasteten vom 14. September (Fest der

Kreuzerhöhung) bis Ostern, aßen kein Fleisch, waren ihrem Prior zum Gehorsam verpflichtet, hatten kein Eigentum, weder persönlich noch gemeinschaftlich, ausgenommen die Kirche und das Haus, in dem sie wohnten. Und vor allem sollten sie wie die Apostel in die ganze Welt ziehen, um die Frohe Botschaft zu verkünden. „In den Augen des Dominikus war ein Ordensmann jemand, der in größter Armut lebt, das Los der Welt beweint und laut das Evangelium des Heils verkündet, ein Mann der Barmherzigkeit."[2]

Thomas wurde wahrscheinlich 1243 oder 1244 eingekleidet. Der Chronist Wilhelm von Tocco schreibt: „Über seinen Eintritt waren die Edlen der Stadt erstaunt, weil ein so vornehmer Jüngling das Haus seiner Eltern verließ und eine so vielversprechende Karriere mit dem Gewand eines armen Ordens verdeckte."

Der Eintritt bei den Dominikanern war tatsächlich ein tiefer Bruch im Leben des hl. Thomas, viel radikaler, als wir uns das heute vorstellen können, denn es war die feudale Welt mit ihren ökonomischen und gesellschaftlichen Privilegien, der der junge Mann eine Absage erteilte. Franz von Assisi hatte, dreißig Jahre zuvor, demonstrativ seine kostbaren Kleider abgelegt und dem bürgerlichen Reichtum seines Vaters entsagt. Thomas von Aquin verzichtete auch darauf, innerhalb des kirchlich-feudalen Systems eine herausgehobene Stellung zu übernehmen. Marie-Dominique Chenu hat darauf hingewiesen, daß die Entscheidungen der beiden Heiligen in einem inneren Zusammenhang stehen. Beide waren Ausdruck und Symbol dafür, daß das Evangelium in der Christenheit ihrer Zeit wirksam und lebendig war.

Der junge Thomas bittet um Aufnahme in den Orden des heiligen Dominikus. Ohne Wissen seiner Familie empfängt er den weißen Habit der Predigerbrüder.

Graf Landulf war am 24. Dezember 1243 verstorben. Als die Mutter des Thomas erfuhr, daß er den Habit genommen habe, reiste sie sofort nach Neapel. Der Chronist, der sie als heiligmäßige Frau schildert, berichtet, sie sei voll Freude gewesen und habe nichts anderes im Sinn gehabt, als ihren Sohn in seiner Entscheidung zu bestärken. Wahrscheinlicher ist allerdings, daß sie versucht hat, ihn von seinem Entschluß abzubringen. Die Familie war immer noch überzeugt, Thomas könne Abt von Monte Cassino werden. Außerdem wollte man nicht das Mißfallen des Kaisers erregen, der gegenüber den Bettelorden wenig freundlich eingestellt war. Doch bevor Donna Theodora in Neapel ankam, hatten die Dominikaner Thomas nach Rom ins Kloster Santa Sabina gesandt. Dort trug ihm der General des Ordens auf, nach Norden zu ziehen.

Damit beginnt eine abenteuerliche Geschichte. Sie wurde Wilhelm von Tocco von Donna Catherina, einer Nichte von Thomas, zugetragen, die sie ihrerseits von ihrer Großmutter, also von Thomas' Mutter, gehört hatte: Die Mutter, so schreibt er, „sandte eine Botschaft an ihre älteren Söhne, die am Hof des Kaisers auf dem Feld von Acquapendente [in der Toskana] weilten, und bat sie bei ihrem mütterlichen Segen, sie sollten Thomas ergreifen, ihren Bruder, den die Predigerbrüder in das Gewand ihres Ordens gekleidet und zur Flucht aus dem Königreich veranlaßt hätten. Sie sollten ihn und unter sicherem Geleit zu ihr (der Mutter) zurückbringen".

In den Lebensbeschreibungen der Heiligen begegnen uns immer wieder solche Geschichten, daß Ordensleute bezichtigt werden, junge Menschen irregeleitet und dem Einfluß der Familie entzogen zu haben. Im Fall des Grafensohnes

Als Thomas mit seinen Gefährten an einem Brunnen in der Toskana Rast hält, nehmen ihn seine Brüder, die im Dienst des Kaisers stehen, fest und bringen ihn unter strenger Bewachung zur Mutter zurück.

Thomas hatte auch der Kaiser ein Wort mitzureden. Er gab zu dem Plan der Brüder von Aquino seine Zustimmung und ließ die Wege überwachen, auf denen die kleine Gruppe der Predigerbrüder zu Fuß unterwegs sein mußte. Der Chronist fährt fort: „Die beiden Brüder fanden Thomas zusammen mit vier Ordensmännern rastend bei einer Quelle. Sie überfielen ihn, nicht wie Brüder, sondern wie Feinde; doch sie konnten ihm das Kleid seines Ordens nicht entreißen, das er so tapfer, wie er es empfangen hatte, festhielt. ... Nachdem sie die anderen Brüder entlassen hatten, schickten sie ihn in dieser Kleidung unter guter Hut zu seiner Mutter."

In der Darstellung wird deutlich, welch große Bedeutung das Ordensgewand damals hatte. Wer den Habit empfangen hatte, der war wirklich ein Predigerbruder.

Im Mai 1244 wurde Bruder Thomas als Gefangener auf die väterliche Burg San Giovanni Campano gebracht und dort strengen Haftbedingungen unterworfen. Der Orden versuchte sowohl über den Papst wie über den Kaiser, ihn freizubekommen. Ohne Erfolg.

Die beiden älteren Brüder bedrängten Thomas, seine Entscheidung rückgängig zu machen. Auch wollten sie ihren Bruder von seinem Gelübde der Keuschheit abbringen: „Als er allein in der Kammer war, in der er unter Bewachung schlief, schickten sie zu ihm ein sehr hübsches Mädchen, als Dirne gekleidet. Sie sollte ihn durch ihren Anblick, ihre Berührung, durch ihre Spiele und auf welch andere Art sie es vermöchte, zur Sünde verleiten. Als der unbezwungene Kämpe sie erblickte ..., merkte er, daß sich in ihm der Stachel des Fleisches regte, den er stets der

Thomas, der in Monte San Giovanni gefangengehalten wird, verjagt eine Kurtisane, die ihm seine Brüder in die Zelle geschickt haben, um ihn von seinem Gelübde der Keuschheit abzubringen.

Vernunft unterworfen hatte ... Er nahm voll Zorn einen Feuerbrand aus dem Kamin und jagte das Mädchen unwillig aus der Kammer. Dann ging er in der Glut seines Zornes zur Ecke der Kammer und brannte mit der Spitze des Scheites das Zeichen des Kreuzes in die Wand ein."

Dieser Kampf um die Keuschheit wurde, wie Wilhelm von Tocco berichtet, auf wunderbare Weise belohnt: Thomas schlief ein und sah in einer Vision zwei Engel auf sich zukommen, die seine Lenden „mit dem Gürtel der Keuschheit" gürteten, so daß „seine Jungfräulichkeit, die er in einem so schweren Kampfe unbesiegt bewahrt hatte, bis zu seinem Tod nicht verletzt ward".

In der hagiographischen Tradition – wie schon in den Zeugnissen für die Heiligsprechung – erhielt die Geschichte immer mehr den Anschein des Wunderbaren. In den Erinnerungen der direkten und indirekten Zeugen wird in besonderer Weise die Keuschheit des Thomas herausgestellt. Der beschriebene Vorfall war mit ein Grund dafür, daß Thomas im 15. Jahrhundert den Titel *Doctor angelicus* erhielt, „der Lehrer, der wie ein Engel war".

Thomas wurde zunächst auf der Burg San Giovanni, dann auf dem elterlichen Schloß Roccasecca festgehalten; die Gefangenschaft dauerte länger als ein Jahr. Während dieser Zeit versuchten seine Brüder weiterhin, ihn von seinem Vorsatz abzubringen. Sie „ließen ihm das Ordensgewand zerfetzen, damit er aus Scham das so zerrissene ablegen und ein anderes Gewand anziehen würde, ein Gewand, das ihnen gefiel. Thomas ertrug das ihm angetane Unrecht mit großer Geduld. Gleichsam als habe ihn Christus mit diesem Gewand gekleidet, hüllte er sich in die Fetzen ..."

Während seiner Gefangenschaft gelingt es Thomas, eine seiner Schwestern für das Ordensleben zu gewinnen. Seine wütenden Brüder versuchen, ihm den Habit zu entreißen.

Der Habit bestand aus einem Kleid und einem Skapulier aus grober weißer Wolle, auf Reisen oder um sich vor der Kälte zu schützen trug man darüber einen schwarzen Umhang. Zum Schlafen legte man die Kleider nicht ab. In den nordischen und angelsächsischen Ländern wurden die Predigerbrüder unter dem Namen schwarze Mönche (*Black Friars*) bekannt, während die Franziskaner „die grauen Brüder" hießen.

Welche Bedeutung der Habit zur damaligen Zeit als Zeichen der Zugehörigkeit zu einem Orden hatte, wird auch in der folgenden Darstellung aus einer schwedischen Chronik anschaulich: Eine junge Witwe von edler Geburt, Ingrid Olofsdotter, lernte im Kloster von Skännige die Dominikaner kennen. Vom Leben des hl. Dominikus ergriffen, legte sie zusammen mit einigen Freundinnen 1271 den Habit der Dominikaner an. Erst zehn Jahre später konnten sie ein Kloster errichten; doch für sie war entscheidend, daß sie den Habit trugen.

Zurück zu Bruder Thomas. Er befand sich unter Bewachung auf Schloß Roccasecca. Nach anfänglichen Gewalttätigkeiten wurden seine Haft- und Lebensbedingungen allmählich erträglicher. Der junge Novize nützte die Zeit, um zu beten und zu studieren. Er setzte die Studien, die er an der Universität begonnen hatte, nun für sich allein fort. Es heißt, er habe damals die ganze Bibel gelesen und sich mit den *Sentenzen*, dem damaligen Lehrbuch der Theologie, beschäftigt.

Seine Schwestern, die ihn, wie die ganze Familie, zunächst von seinen Plänen abbringen wollten, ließen sich mit der Zeit von ihm überzeugen. Er lehrte sie die Heilige Schrift, und eine von ihnen, Marotta, war davon so beein-

Thomas läßt sich nicht von seiner Berufung abringen, er unterrichtet seine Schwestern in der Theologie.

druckt, daß sie den Habit des hl. Benedikt anlegte. Später wurde sie Äbtissin des Klosters zur Heiligen Maria von Capua; damit verblieb wenigstens sie in der feudalen Tradition.

Nach einiger Zeit erhielt Thomas die Erlaubnis, Besuche von seinen dominikanischen Brüdern aus Neapel zu empfangen, und zu guter Letzt gab die Familie nach und ließ ihn ziehen. Manche Historiker vermuten dahinter politische Motive. Das ist gut möglich. Aber in der Darstellung des Wilhelm von Tocco klingt das so: Seine Mutter Theodora habe eingesehen, daß es unsinnig war, gegen den Heiligen Geist anzukämpfen. „Sie ließ ... in kluger Weise zu, daß die Bewachung vernachlässigt und er aus einem Fenster der Burg an einem Strick herabgelassen wurde. Dort nahmen ihn die bereitstehenden Brüder (des Ordens) auf und führten ihn mit Freude nach Neapel."

Der junge Novize konnte also wieder nach Neapel ins Kloster zurückkehren. Die Verantwortlichen im Orden, allen voran der Ordensgeneral Johannes Teutonicus, ein Westfale aus dem Niederstift Münster, waren auf seine intellektuellen Fähigkeiten aufmerksam geworden, und sie beschlossen, seine philosophische und theologische Ausbildung Albert dem Großen anzuvertrauen. Johannes Teutonicus nahm Bruder Thomas mit auf die Reise nach Paris. Dort setzte Thomas von 1245 bis 1248 sein Studium fort.

Eine Reise von Neapel nach Paris war damals nichts Außergewöhnliches, auch nicht, wenn der ganze Weg zu Fuß zurückgelegt werden mußte, wie es für die Predigerbrüder streng vorgeschrieben war. Denn wie die Apostel zogen sie von Stadt zu Stadt, um das Evangelium zu verkünden. Der hl. Dominikus war ein großer Wanderer, er

Thomas wird aus seinem Gefängnis befreit und kann mit seinen Brüdern aus dem Dominikanerorden nach Neapel in den Konvent zurückkehren.

war viel auf Reisen, und er hatte seine ersten Brüder in viele Länder Europas gesandt. So war es nicht überraschend, wenn man 25 Jahre nach dem Tod des Dominikus auf vielen Straßen, vor allem von einer Universitätsstadt zur nächsten, auf Dominikaner traf. Die Generalkapitel, zu denen Abgesandte aus allen Provinzen kamen, fanden jährlich statt, abwechselnd in Bologna und in Paris. 1245 kam zum ersten Mal ein anderes bedeutendes Zentrum des damaligen Geisteslebens an die Reihe: Köln.

In Paris und Köln

(1245 – 1259)

Albert, den wir den Großen nennen, war – auf Universitätsebene – damals die bedeutendste Persönlichkeit der Dominikaner. Er stammte aus Lauingen an der Donau, in Bologna hatte er Recht studiert. Nach einigem Zögern – er fürchtete, die Gelübde nicht einhalten zu können – war er 1223 in den Orden der Predigerbrüder eingetreten. Dem Nachfolger des hl. Dominikus an der Spitze des Ordens, Jordan von Sachsen, war es gelungen, ihn von seinen Skrupeln zu befreien.

Von tiefer Frömmigkeit und großem Wissensdurst geprägt, war Albert im Lauf der Jahre zu einem der großen Weisen seiner Zeit geworden. Es gab kein Geheimnis der Natur, das ihm fremd geblieben wäre. Von einigen Leuten wurde er gar verdächtigt, Alchemie zu betreiben!

Als Thomas im Jahre 1245 nach Paris geschickt wurde, war Albert knapp über 50 Jahre alt, lehrte Philosophie und Theologie und beschäftigte sich hauptsächlich damit, die Werke des Aristoteles zu kommentieren, die erstmals in ihrer Gesamtheit im Abendland bekannt geworden waren und zahlreiche Fragen aufwarfen. Albert hatte den Auftrag erhalten, das *Studium generale*, die Hochschule des Predigerordens, zu leiten. Er sollte für die geistige Formung und das Leben des Bruders Thomas eine große Rolle spielen.

Gut 25 Jahre zuvor hatte Dominikus sechs oder sieben Brüder von Toulouse nach Paris gesandt. Sie ließen sich in einem Haus nieder, das für die Pilger, die nach Santiago di Compostela unterwegs waren, als Hospiz gedient hatte. In dieser ärmlichen Unterkunft lebten, studierten und beteten sie. Doch bald schon stießen zahlreiche Studenten und auch Magister zu ihnen, und man mußte den Konvent vergrößern. Von dem Kloster, das während der Französischen Revolution zerstört wurde, ist nichts erhalten geblieben. Seine Lage ist einem detaillierten Plan in der Kirche Saint-Étienne-du-Mont (auf der Anhöhe von Sainte-Geneviève) zu entnehmen: Es befand sich auf einem Anwesen nahe der Rue Saint-Jacques, der „Großen Straße“, und der heutigen Rue Soufflot. Das Kloster St. Jacques wurde bald so berühmt, daß man die Dominikaner als „Jakobiner“ bezeichnete. Dieser Name wurde dann auch auf einem viel später an der Rue Saint-Honoré errichteten Konvent übertragen, dessen Gebäude während der Revolution dem „Club der Jakobiner“ als Versammlungsort diente.

Thomas kommt nach Paris zu einer Zeit, da König Ludwig IX. einen Kreuzzug vorbereitete. Auf die inständige Bitte des Königs, die Bettelorden möchten für dieses Unternehmen beten, versprachen die Dominikaner, die 1246 ihr Generalkapitel in Paris abhielten, mehrere Meßintentionen. Der König, der besonders in die Dominikaner und Franziskaner ein großes Vertrauen setzte, wählte vornehmlich Mitglieder aus diesen Orden, wenn er Delegierte (jeweils zu zweit) aussandte, um die Gerechtigkeit im Reich zu stärken. In diese Zeit fällt auch der Bau der Sainte-Chapelle, die am 26. April 1248 eingeweiht wurde.

Die Vorlesungen in Theologie fanden lange Zeit auf der Ile de la Cité statt, nahe der Kathedrale, die damals im Bau war. Mit Beginn des Jahrhunderts zogen aber auch die

Theologen auf das linke Seineufer, wo es schon viele andere Unterrichtsstätten gab; die Medizin, das Recht und die Freien Künste konstituierten sich dort als Fakultäten. Paris war zum Anziehungspunkt für Magister und Studenten aus ganz Europa geworden. Das ging nicht ohne Konflikte ab, sei es mit den Bürgern, sei es mit der bischöflichen Autorität. Magister und Studenten schlossen sich zu einer Körperschaft zusammen, um ihre Interessen zu verteidigen. Das war der Beginn der Universität, der *Universitas magistrorum et scholarium* (Gemeinschaft der Magister und Studenten), deren Statuten Papst Innozenz III. im Jahr 1215 genehmigt hatte. Nicht lange danach, im Jahr 1231, nannte Papst Gregor IX. Paris die „Mutter der Wissenschaften und die Stadt der Bildung". Die Brüder vom Kloster St. Jacques versäumten nicht, sich in dem universitären Milieu einen Platz zu sichern, 1229/1230 erreichten sie, daß in der theologischen Fakultät zwei Lehrstühle von ihnen besetzt wurden.

Grundlage jeder theologischen Lehre war die Heilige Schrift. Allerdings war der lateinische Text, den man zur Verfügung hatte, voller Fehler. Und es war nicht immer leicht, in den großen Bibeln aus Pergament die entsprechenden Stellen zu finden. In diesem Zusammenhang gewann das Werk des Dominikaners Hugo von Saint-Cher große Bedeutung. Er war 1225 in den Orden eingetreten und hatte einen der erwähnten beiden Lehrstühle inne. Mit Hilfe zahlreicher Brüder des Klosters St. Jacques (die Legende spricht von 500!) begann er einen Bibeltext zu erarbeiten, der mit dem Text des hl. Hieronymus aus dem 4. Jahrhundert (der sogenannten Vulgata) übereinstimmen sollte. Außerdem wollte er ein alphabetisches Register erstellen: Die

Brüder mußten zu jedem Wort die Verweise auf alle anderen Stellen der Bibel eintragen, in denen das Wort vorkam. Die Arbeit, die um 1240 fertiggestellt war, wurde unter dem Namen *Concordantiae S. Iacobi* bekannt. Dominikaner in Oxford knüpften an diese Konkordanz an und ergänzten und verbesserten sie; die Ausgabe wurde *Concordantiae maiores*, auch *Concordantiae Anglicanae* genannt. Sie stand wenige Jahre später den Theologen zur Verfügung. Albert der Große und bald auch Thomas von Aquin machten oft Gebrauch davon.

Von 1245 bis 1248 war Bruder Thomas Student im Kloster St. Jacques, wo Magister Albertus lehrte. Wir wissen nur wenig über Thomas' Leben in dieser Zeit. Wahrscheinlich hat er das Studium der Philosophie fortgesetzt, das er an der Universität Neapel begonnen und während seiner Gefangenschaft auf Roccasecca weitergeführt hatte. In den Anfangsjahren des Ordens hegte man ein starkes Mißtrauen gegenüber der Philosophie. Für das Generalkapitel von Bologna im Jahr 1220 gab es eine Vorlage, die unter der Leitung des hl. Dominikus erstellt worden war. Sie besagte: „Die Studenten sollen nicht in den Büchern der Heiden und der Philosophen studieren, wenn sie auch gelegentlich einen Blick darauf werfen können. Sie sollen nicht die weltlichen Wissenschaften studieren und auch nicht die Freien Künste (*Artes liberales*). Die jungen Brüder sollen, wie alle anderen auch, nur theologische Bücher lesen."

Trotz des Widerstands konservativer Kreise und kirchlicher Autoritäten fanden die Schriften des Aristoteles an den Universitäten immer größere Beachtung. Man konnte sie nicht mehr ignorieren. Das Interesse an diesen Texten war nicht nur eine intellektuelle Mode, sondern Ausdruck eines unstillbaren Verlangens nach Wissen und Wahrheit. Magister Albertus hatte das begriffen wie kein anderer. Er las und kommentierte reichlich die Werke des Aristoteles, der als der Weise und Philosoph schlechthin galt. Ihn zu übergehen hätte geheißen, sich gegen die Wahrheit zu verfehlen – zum großen Schaden für den Glauben.

Die Predigerbrüder blieben nicht unberührt von dem brodelnden Leben, das sich um sie herum, in der Universität, in der Großstadt abspielte.

Die Brüder im Kloster St. Jacques führten trotz ihrer großen Zahl ein „Leben in Gemeinschaft". Wesentlicher Bestandteil ihres Tagesablaufs war das Chorgebet. Verglichen mit dem Stundengebet der Benediktiner oder der Prämonstratenser war die Liturgie der Dominikaner einfacher; in den Konstitutionen des Ordens war festgelegt, sie solle *breviter ac succincte* sein, das heißt, zügig und ohne Längen, da diese der Frömmigkeit nur schaden würden. Nimmt man die Konventmesse und die Privatmessen hinzu, verbrachten die Brüder in der Nacht und den Tag über mehrere Stunden im Gebet. Fleisch stand nie auf der Speisekarte des Refektoriums; es war nur bei Krankheit oder körperlicher Schwäche erlaubt. Es wurde oft und lange gefastet. Natürlich gab es Gespräche und Gedankenaustausch zwischen den Brüdern, Professoren, Studenten und Predigern. Doch war außerhalb der Gesprächszeiten im Kloster strenges Stillschweigen vorgeschrieben, vor allem nach der Komplet, dem letzten Teil des Stundengebets. Alle diese Vorschriften waren aber durch eine Fülle von Dispensen abgemildert; denn alles sollte dem Hauptziel der Predigerbrüder untergeordnet sein, dem Studium. Dieses wurde für äußerst wichtig gehalten, um die Brüder zur Predigt des

Wortes Gottes zu befähigen. Die Magister machten von diesen Dispensen reichlich Gebrauch, die jungen Studenten wahrscheinlich weniger, aber auch sie waren eifrig und lernten bereitwillig, im gemeinschaftlichen und persönlichen Gebet die Suche nach Gott mit der geistigen Anstrengung zu verbinden.

Es war keinem Bruder gestattet, ohne Segen des Priors und ohne Begleitung eines Mitbruders, eines Socius, den der Prior bestimmte, das Kloster zu verlassen. Der Prior der Dominikaner war allerdings nicht mit dem Abt eines feudalen Klosters zu vergleichen. Die *stabilitas loci* der Mönche, also die Gebundenheit an ein bestimmtes Kloster, galt nicht für die Predigerbrüder, die berufen waren, von Stadt zu Stadt zu ziehen, von Land zu Land, wohin sie eben ausgesandt wurden. Der Prior, *prior inter pares*, der erste unter Gleichen, wurde von den Brüdern gewählt, und zwar auf Zeit – die Dauer konnte unterschiedlich sein. Danach machte er einem anderen Platz. Die übergeordneten Ebenen, Leitung einer Provinz und Ordensgeneralat, wurden ebenfalls durch eine Wahl besetzt. Das gab der ganzen Organisation eine große Flexibilität, die es ermöglichte, rasch auf neue Herausforderungen zu reagieren.

Bruder Thomas setzte also in Paris seine Studien fort, und er hatte kein anderes Anliegen, als das gründlich zu tun; er besuchte die täglichen Vorlesungen des Magisters Albertus, von dem es hieß, er sei das „Idol“ der Studenten der Universität.

1248 wurde Magister Albert vom Ordensgeneral nach Köln geschickt, um dort eine Hochschule für die deutschen Predigerbrüder zu errichten. Sicher war Albert schon auf den jungen Studenten aus Italien aufmerksam geworden, der so wißbegierig war nach der neuen Philosophie, die mit den Schriften des Aristoteles an der Universität in Paris Einzug hielt, und den entsprechenden Ausführungen seines erfahrenen Lehrers mit großem Interesse folgte. Albert lehrte seit 1240 in Paris, ohne sich allzusehr von den Verboten beeindrucken zu lassen, die offiziell noch galten, und auch nicht vom Widerstand der anderen Magister. Denn er war sich seiner Methode sicher, die darin bestand, die Ebenen klar auseinanderzuhalten. „Wenn es verschiedene Auffassungen gibt, muß man in Sachen des Glaubens und der Sitten Augustinus mehr glauben als den Philosophen; aber wenn wir von Medizin reden, halte ich mich diesbezüglich an Galen und Hippokrates, und wenn es um die Natur der Dinge geht, wende ich mich an Aristoteles oder an einen anderen, der auf diesem Gebiet bewandert ist."[3]

Der Orden setzte großes Vertrauen in Albert. Er sollte nach Köln gehen, dort das neue *Studium generale* einrichten und Theologie lehren. Und es schien ganz natürlich, daß Thomas von Aquin vom Ordensgeneral, Johannes Teutonicus, beauftragt wurde, Albert in die Stadt am Rhein zu folgen und in Köln Theologie zu studieren.

Es war nicht die erste große Reise des Thomas, und es war nicht die längste (jemand hat ausgerechnet, daß er im Lauf seines Lebens mehr als 11.000 Kilometer zurückgelegt hat). Der hl. Dominikus, der für seine Reise von Spanien nach Dänemark die Kutsche seines Bischofs nutzen konnte, hat später für sich und seine Brüder derartige Erleichterungen zurückgewiesen; die apostolische Armut verlange, zu Fuß zu gehen. Er selbst ging oft barfuß, nicht aber Thomas, der manchmal von den Sandalen der Apostel sprach und in dieser Fußkleidung ein Zeichen der Armut sah. Für den großen und kräftigen jungen Thomas war der Weg nach Köln keine große Anstrengung, und auch nicht für Magister Albert, der etwa 50 Jahre alt und als unermüdlicher Wanderer bekannt war. Man konnte am Tag leicht 30 bis 40 Kilometer schaffen, vielleicht auch mehr. Unterwegs versuchte man, in Klöstern zu übernachten, wo man auch Zeit für Erholung und Gebet fand. Allerdings gab es ein ernstes Problem: die Bücher. Bücher und Manuskripte wiegen schwer, auch heute noch. Damals waren die Bücher aus Pergament und hatten ein großes Format. Sicher gab es in den Universitätsstädten und vor allem in den Klöstern Bibliotheken. Aber jeder Lehrer hatte auch seine private Bibliothek, zu der zumindest die eigenen Werke gehörten. Dominikus konnte sich damit begnügen, in einem Quersack ein Evangelium (es war das Matthäusevangelium) und die Briefe des Paulus mit sich zu führen; er wollte nicht über toten Tierhäuten studieren, während Tausende Menschen an Hunger starben. Für die Brüder, die lernen und lehren sollten, war eine solche Beschränkung natürlich nicht möglich. In den Konstitutionen war festgelegt, daß sie die nötigen Bücher zur Verfügung haben sollten. Dennoch mußten sie ihre Reisen zu Fuß machen. Ludwig IX. hatte für die Brüder, die mit der Untersuchung von Rechtsstreitigkeiten betraut waren, eine Dispens erreicht. Ihr Auftrag erforderte es, daß sie schnell vorankamen. Daher durften sie auf dem Pferd reiten; aber das war nur eine Ausnahme. Später erhielten auch die Magister der Theologie das nötige Privileg: Für den Transport der schweren Bücher konnten sie einen Esel oder ein Maultier benutzen. Sicher traf das auch für Magister Albert zu. Und es sollte auch für Bruder Thomas gelten, sobald er ebenfalls Magister war.

Thomas hält in Köln eine Vorlesung. Albert der Große, der den Vorsitz führt, erklärt: „Ihr nennt ihn einen ‚stummen Ochsen', doch er wird so laut brüllen, daß die ganze Welt es hören wird."

Die beiden Männer hatten einander in Paris schätzengelernt. Der mehrwöchige Fußmarsch nach Köln bot ihnen nun Gelegenheit, sich noch besser kennenzulernen und die Probleme zu erörtern, die ihnen am Herzen lagen, insbesondere philosophische und theologische Fragen.

Der Chronist Wilhelm von Tocco, der etwa 70 Jahre später schreibt, berichtet wenig von den äußeren Ereignissen der Kölner Zeit des Thomas, er betont mehr sein tugendhaftes Leben. So verweist er auf seinen Eifer beim Studium und beim Gebet und auf seine Vorliebe für das Schweigen.

Für das Studium hatte Thomas in der Person von Albert, „der als einzigartig in jeder Wissenschaft galt", einen unvergeichlichen Lehrer, „von dem er schöpfen konnte, was zu trinken er begierig war".

Im Kloster war außerhalb der Zeiten der Rekreation Schweigen geboten. Thomas war, wie Tocco berichtet, „in einer wunderbaren Weise schweigsam; er war im Studium eifrig, im Gebet fromm ... Unter dem Schleier einer erstaunlichen Einfalt verbarg er schweigsam, was er vom Meister erlernte und was ihm Gott voll Barmherzigkeit einflößte".

Es gibt vielerlei Arten des Schweigens. Wie das Sprichwort sagt, kann Schweigen Gold sein. Doch nicht jeder, der schweigt, ist auch vertrauenswürdig. Bei introvertierten Menschen, wie wir heute sagen würden, kann das Schweigen auch verunsichern. Auch die Mitschüler von Thomas verstanden sein Schweigen nicht. Und da er groß von Gestalt und recht korpulent war, nannten sie ihn den stummen Ochsen aus Italien.

Ein Mitschüler, der glaubte, Thomas sei zurückgeblieben, wollte ihm eines Tages eine Vorlesung des Magisters Albert über die Göttlichen Namen erklären. Thomas nahm den Vorschlag an. Während des Gesprächs haben sich allerdings die Rollen vertauscht. Thomas wußte viel mehr als sein Nachhilfelehrer. Der Magister der Studenten erfuhr davon und berichtete es Magister Albert. Dieser bat daraufhin Bruder Thomas, während der feierlichen Disputationen, die regelmäßig zu strittigen theologischen und philosophischen Fragen abgehalten wurden, die Rolle des *Respondens* zu übernehmen, der auf die vorgebrachten Einwände antworten mußte. Der Student erfüllte seine Aufgabe mit solcher Meisterschaft, daß Albert zu ihm sagte: „Bruder Thomas, es scheint, daß du nicht die Stelle dessen innehattest, der Antworten gibt, sondern du warst in der Lage, endgültige Definitionen zu formulieren." – „Ich sehe nicht, wie ich auf die Fragen anders antworten könnte", erwiderte Thomas mit aller Ehrfurcht. Darauf sagte Magister Albert zum Auditorium: „Wir nennen ihn einen stummen Ochsen, aber er wird mit seiner Lehre einmal so laut brüllen, daß es in der ganzen Welt ertönt."

Eines ist gewiß: Magister Albert hat die intellektuelle und spirituelle Begabung seines Schülers erkannt. Sie lebten zwar nicht Seite an Seite, aber sie hatten oft Gelegenheit, zusammenzutreffen und zusammenzuarbeiten, etwa bei der Einrichtung des Studiums im Orden oder, nachdem Albert Bischof geworden war, am päpstlichen Hof in Italien. In ihren Studien teilten sie die gleiche Liebe zur Wahrheit. 25 Jahre später, als Magister Thomas mit etwa 50 Jahren verstorben war, reiste der 80 Jahre alte Magister Albert von Köln nach Paris, um die Lehre seines früheren Schülers gegen die Vorwürfe des Bischofs von Paris zu verteidigen.

Thomas lebte vier Jahre in Köln. Bald nach der Grundsteinlegung des Doms (1248), bei der er anwesend war, erfuhr er vom Tod seines Bruders Raynald. Dieser hatte ihn zusammen mit einem anderen Bruder in Acquapendente gefangengenommen und nach Roccasecca gebracht. Raynald war ein alter Haudegen, der wie sein Vater in den ständigen Kämpfen zwischen Papst und Kaiser in Diensten Friedrichs II. stand. 1227 hatte der Papst den Kaiser ein erstes Mal exkommuniziert, 1239 ein zweites Mal. Am 28. Juni 1245 erklärten ihn die Väter des Ersten Konzils von Lyon für abgesetzt. Raynald war bei Kaiser Friedrich in Ungnade gefallen und kurz vor dessen eigenem Tod im Jahr 1250 gefoltert und hingerichtet worden.

Durch einen wichtigen Zeugen im Heiligsprechungsprozeß, Bartholomäus von Capua, einen Notar im Dienste des Königs, wissen wir, daß der Tod seines Bruders Thomas sehr geschmerzt und beunruhigt hat. Er habe Gott gebeten, ihm zu helfen, seiner Berufung als Bettelmönch treu zu bleiben, und ihm Gewißheit über das Seelenheil seines Bruders zu geben. Im Gebet habe er erfahren, daß beide Bitten erhört wurden.

Nach Abschluß seiner theologischen Ausbildung wurde Thomas wahrscheinlich zum Priester geweiht. Magister Albert, der ihn schätzte und für ihn bürgte, schlug ihn für die freigewordene Stelle des Baccalaureus am *Studium generale* in Paris vor. Doch der Ordensgeneral, Johannes Teutonicus, der Thomas von Neapel nach Paris mitgenommen hatte, hatte Bedenken, deren Gründe wir nicht kennen. Albert schaltete daraufhin Hugo von Saint-Cher ein, den großen Bibelforscher der Dominikaner, der Kardinal geworden war; dieser setzte die Ernennung durch.

Thomas machte sich wieder auf den Weg nach Paris. Er kehrte ins Kloster St. Jacques zurück, das er vier Jahre zuvor verlassen hatte. Mit Beginn des neuen akademischen Jahres 1252/53 übernahm er die Lehrtätigkeit.

Das Quartier Latin nahm immer stärker die Züge an, die es so berühmt machten; es wurde zum Universitätsviertel am Nordhang von Sainte-Geneviève. Magister und Studenten bildeten dort eine Art Körperschaft, mit einer gewissen rechtlichen Autonomie und mit dem Segen des Papstes. Alle Fakultäten waren bereits vertreten: die Medizin, das Recht (weltliches und kirchliches Recht), die Philosophie (die *Artes liberales*) und die Theologie. Immer wieder kam es zu Konflikten zwischen den Studenten und den Bürgern der Stadt sowie den kirchlichen oder königlichen Autoritäten. Unter den Magistern führte die Besetzung der Lehrstühle des öfteren zu persönlichen und kollektiven Querelen; das Streben nach Privilegien zog Neid und Eifersucht nach sich.

Inmitten dieser unruhigen Welt lebten die Brüder der Bettelorden, die Dominikaner und die Franziskaner, Magister und Studenten. Das Kloster der Franziskaner lag in der Nähe der Rue de l'Ecole de Médicine, wo heute noch einige Spitzbogen an die alten Gebäude erinnern. In drei Jahrzehnten hatten die unerwartet erfolgreichen Bettelorden einen beachtlichen Rang in Gesellschaft, in Kirche und besonders in der theologischen Lehre eingenommen.

Der Papst hatte über die Pariser Universität gesagt, sie sei „der Ofen, in dem das geistige Brot der lateinischen Welt gebacken wird". Und von einem Studenten aus dem Norden haben wir folgendes Zeugnis: „In Paris lebt man absolut. Überall sonst sehr relativ ..." Dort also begann die Universitätslaufbahn des Thomas von Aquin. Er blieb zunächst sieben Jahre in Paris, von 1252 bis 1259, und dann noch einmal von 1269 bis 1272.

Thomas kam als Baccalaureus ins Kloster St. Jacques, ein Rang, der heute dem eines Wissenschaftlichen Assistenten vergleichbar wäre. Das Baccalaureat beinhaltete die Qualifikation, an der Fakultät zu lehren. Thomas hielt zunächst an der Theologischen Fakultät für ein oder zwei Jahre Vorlesungen über die Heilige Schrift. Anschließend wurde er Baccalaureus für die *Sentenzen*; das heißt, daß er unter der Anleitung eines Magisters den *Liber sententiarum* vortrug und kommentierte. Dieses Werk des Petrus Lombardus war seit über einem Jahrhundert eine Art Handbuch der Theologie. Die Kommentatoren, die das Handbuch „vorlesen" mußten, in dem die Glaubensartikel aufgeführt waren, brachten selten eigene Gedanken. Sie hielten sich an das Denken des hl. Augustinus, der seit Jahrhunderten die ganze westliche Theologie geprägt hatte. Sehr rasch zeigte sich, daß sich die Lehre des Bruders Thomas von anderen abhob. In der Weise, wie er den Text kommentierte, erkannte man ein eigenständiges, gereiftes Denken. Die Studenten strömten zu seinen Vorlesungen. Es gab damals noch keine Vorlesungsverzeichnisse wie an unseren Universitäten, aber es existierte eine richtige Organisation von Kopisten, Buchbindern, Verlegern und auch Buchhändlern. Die Sentenzenkommentare des Bruders Thomas und auch seine ersten Bibelkommentare wurden rasch verbreitet.

Offenbar hat der große Schweiger Thomas erkannt, daß sich in den letzten Jahren, vor allem in Paris, das intellektuelle Klima stark verändert hatte. Er hielt seine Vorlesungen im Bewußtsein, auf diese Weise dem Auftrag seiner Oberen und seiner Berufung als Predigerbruder zu folgen.

Seine Zuhörer muß Thomas sehr beeindruckt haben. Wilhelm von Tocco schreibt voller Begeisterung: „Als er Baccalaureus geworden war und in den Vorlesungen zu verströmen begann, was er in seiner Schweigsamkeit zu verbergen erwogen hatte, da flößte ihm Gott große Wissenschaft ein. Von seinen Lippen floß durch Gottes Fügung eine so großartige Lehre, daß er alle Magistri zu übertreffen schien." Tocco fährt mit einer berühmt gewordenen Passage fort, die gewiß die Eindrücke wiedergibt, die Generationen von Schülern von Thomas gewonnen hatten und 60 Jahre danach noch in lebendiger Erinnerung waren – ganz so, wie man sich heute dieses oder jenes großen Lehrers in den ersten Jahrzehnten unseres Jahrhunderts erinnert: „Wegen der Klarheit seiner Lehre führte er mehr als andere die Schüler zur Liebe der Wissenschaft. In seinen Vorlesungen brachte er nämlich neue Gesichtspunkte vor, fand eine neue und klare Art und Weise, Fragen zu entscheiden, und führte für diese Entscheidungen neue Beweisgründe an. Niemand, der gehört hatte, wie er Neues lehrte und mit neuen Beweisen Unklarheiten löste, zweifelte daran, daß Gott ihn mit den Strahlen eines neuen Lichts erleuchtet hatte."

In diesem Text kommt häufig das Adjektiv „neu" vor. Immer wieder, zumal in diesem 13. Jahrhundert, von dem wir hier reden, hat die Kirche vor „Neuerungen" gewarnt, die mehr oder weniger im Verdacht der Häresie standen. Aber gerade das meint Tocco nicht; vielmehr ist die zitierte Stelle lobend gemeint, sie stellt ein Hauptstück des Dossiers dar, mit dem die Heiligsprechung des Thomas von Aquin betrieben wurde. Unwillkürlich fragt man sich, welch paradoxe Entwicklung die Geistesgeschichte genommen hat, daß Thomas, lange Zeit später, zum Vertreter eines Traditionalismus stilisiert werden konnte, der auf jede Neuerung allergisch reagiert.[4]

Wer heute die Sentenzen des Baccalaureus Thomas liest, wird schwerlich erfassen, wie modern sie auf die Studenten seiner Zeit wirkten; sie fanden darin ein neues Verständnis der Wahrheit. Darin war auch ihr Erfolg begründet. Doch es gibt keinen Erfolg, der nicht Eifersucht erweckt.

Die Eifersucht richtete sich nicht nur gegen die Erfolge dieses noch jungen und so brillanten Universitätslehrers. Es handelte sich um ein viel weiter reichendes Problem, um eine Auseinandersetzung, in der Thomas von Aquin eine wichtige Rolle spielte.

In den drei Jahrzehnten zuvor hatten die Bettelorden einen außerordentlichen Aufschwung genommen. Sie wurden gefördert von den Päpsten, die seit Innozenz III. in ihnen die besten Vorkämpfer für die notwendige Reform der Kirche sahen. Sie hatten eine große Zahl von Brüdern gewonnen, in den wichtigen Städten hatten sie Niederlassungen, sie predigten zunächst vor allem in Pfarrkirchen und nach und nach in ihren eigenen Kirchen. Die königliche Macht, zumindest in Frankreich unter Blanca von Kastilien und ihrem Sohn Ludwig IX., brachte ihnen großes Vertrauen entgegen und wußte sich ihrer geistigen, moralischen und sogar politischen Kompetenzen zu bedienen. Von den Gläubigen wurden sie reichlich mit Almosen bedacht.

Es darf nicht überraschen, daß in dieser Situation Rivalitäten entstanden. Besonders angespannt war die Situation in den Universitätsstädten, wo es zu einem handfesten Krach zwischen Ordensklerus und Weltklerus kam. Während die ersteren nach einer Ordensregel lebten, übten die letzteren ihr Amt aus, ohne sich von der „Welt" zurückzuziehen. Auf höchster Ebene ging es bei dieser Rivalität um die Lehrstühle der theologischen Fakultät. Paris hatte zwölf Lehrstühle für Theologie, die unter den Domherren von Notre Dame und Magistern aus dem Weltklerus aufgeteilt waren. Seit 1229 wurde auf einen dieser Lehrstühle ein Dominikaner berufen. Später sind zwei weltliche Magister in die Bettelorden eingetreten, einer bei den Dominikanern, der andere bei den Franziskanern. Die beiden Orden gewannen also an Einfluß und nahmen Plätze ein, die so dem Weltklerus entzogen wurden.

Als Thomas von Aquin im Jahr 1252 als Baccalaureus nach Paris kam, befand sich König Ludwig IX. auf dem Kreuzzug im Orient. Da der König die Bettelorden immer geschützt hatte, fühlten sich deren Gegner durch die Abwesenheit des Königs ermutigt. Im selben Jahr war ein Statut angenommen worden, nach dem jeder Orden nur einen Magister stellen darf. Die Dominikaner besetzten jedoch seit mehreren Jahren zwei Stellen, und daran wollten sie auch festhalten. Im Jahr 1253 kam es zu einem Handgemenge zwischen Scholaren und königlichen Schutzbeamten. Es gab sogar einen Toten. Zum Protest organisierten Professoren und Studenten einen Streik. Die Bettelmönche schlossen sich diesem Streik jedoch nicht an, weil die Universität ihnen nicht ihre Lehrstühle zusichern wollte.

Der junge Baccalaureus Bruder Thomas hielt weiterhin seine Vorlesungen über die Heilige Schrift und über die Sentenzen; er ging ganz in seiner Arbeit auf. Alle Auseinandersetzungen scheinen an ihm vorbeigegangen zu sein, jedenfalls behinderten sie ihn nicht bei seiner Arbeit.

Der Anführer der Gegner der neuen Orden war ein Magister der Weltgeistlichen an der theologischen Fakultät, Wilhelm von Saint-Amour. In weit verbreiteten Schriften führte er in den Jahren 1252 bis 1256 einen geharnischten Kampf gegen jene, die nach seiner Auffassung die größte Gefahr der Zeit darstellten. In einer Schmähschrift vom Februar 1254, mit der sich die Magister von Paris an alle religiösen Autoritäten und an die Studenten wandten, steht am Beginn ein Bericht über die Ankunft der Predigerbrüder an der Universität: „Sie kamen nach Paris, gering an Zahl, unter dem Vorwand der Frömmigkeit und des Gemeinwohls; sie folgten unseren theologischen Vorlesungen mit Eifer und Demut. Auch nahmen unsere Brüder sie wohlwollend in eines ihrer Häuser (das Kloster St. Jacques) auf, wo sie aufgrund einer großzügigen Stiftung der Universität noch heute wohnen. Sie empfingen von uns Wissenschaft für den Geist und Nahrung für den Leib. Dann aber traten einige unserer Magister bei ihnen ein, was zur Folge hatte, daß sie eine wunderbare Entwicklung hinsichtlich Wissenschaft und Mitgliederzahl nahmen und heute über die ganze Welt verbreitet sind. Dem Anspruch nach wollen sie mit Christus demütig und bescheiden sein, so daß wir uns nicht erklären können, was sie dazu getrieben hat – entgegen dem Wort Christi: Nennt keinen unter euch Lehrer! –, das Lehramt und den Lehrstuhl der Magister anzustreben. Und sie haben ihr Vorhaben erreicht."

Hierin liegt wohl die Quelle ihrer Eifersucht. Die Situation war äußerst gespannt. Papst Innozenz IV. hatte gefordert, die Universität solle die zwei Magister von St. Jacques anerkennen. Die Universität aber wollte sie weiterhin ausschließen und traf in ihren Statuten eine entsprechende

Die Bettelorden hatten an der Universität zu Paris viele Gegner. Dieser Stich zeigt, wie Thomas und Bonaventura aus der Hochschule vertrieben werden.

Verfügung. Jetzt mußte man Partei ergreifen. Eines Tages kamen zwei Amtsdiener der Universität nach St. Jacques und betraten den Hörsaal, wo die beiden Lehrer ihre Vorlesung begannen. Die Abgesandten wollten das Dekret der Universität verlesen. Nach den ersten Worten aber stürzten sich die Studenten auf sie, entrissen ihnen das Schreiben und warfen die beiden zur Tür hinaus. Nun schaltete sich der Rektor der Universität selbst ein. Begleitet von drei Magistern der Artistenfakultät kam er in den Hörsaal. Es entstand ein solcher Lärm, daß es unmöglich war, das Dekret zu verlesen.

Diese Begebenheiten illustrieren das Klima im Quartier Latin. Der Kampf galt aber nicht nur der Universität, er war gegen die Existenz der Bettelorden gerichtet. Die letzten drei Päpste hatten ihnen zahlreiche Privilegien gewährt, da sie von ihnen einen Beitrag zur nötigen Reform der Kirche erwarteten. Doch mit einer solchen Reform wurden die Gewohnheitsrechte und auch die ökonomischen Interessen des Klerus angetastet. Diese Interessenlage war der Grund für zahlreiche Machenschaften und Intrigen. Man wollte verhindern, daß die Brüder predigten und Beichte hörten, ohne den Ortspfarrer um Erlaubnis gefragt zu haben, daß sie in ihren Klöstern Laien Grabstätten anboten und dafür überreiche Almosen einstrichen und daß sie an den Universitäten die Lehrstühle für Theologie beanspruchten. Alle konservativen Kräfte machten Front gegen diese Brüder, die unter dem „Vorwand" der Rückkehr zum Evangelium das kirchliche Leben von Grund „umzustürzen" begannen.

Wilhelm von Saint-Amour vertrat in seinen Schriften die Ansicht, die Bettelmönche seien gar keine richtigen Ordensleute, denn sie würden nicht der Welt entsagen. Sie sollten sich in demütiger Bescheidenheit in ihre Klöster zurückziehen und die Unruhe der Städte fliehen. Hatte nicht Bernhard von Clairvaux geschrieben: „Die Aufgabe der Mönche besteht nicht darin zu lehren, sondern die eigenen Sünden zu beweinen ... In den Wäldern kann man mehr lernen als in Büchern, und die Felsen lehren Dinge, die kein Lehrer vermitteln kann." Ordensleute sollten von ihrer Hände Arbeit und nicht vom Betteln leben. Diese Bettelmönche seien in Wirklichkeit eine Gefahr für die Christenheit. Ist nicht einer von ihnen, der Franziskaner Gerhard von Borgo San Donnino, Autor eines Werks, das sich die abenteuerlichen Thesen des Abtes Joachim von Fiore zu eigen macht und ein neues Zeitalter ankündigt, das Zeitalter des Heiligen Geistes, das auf das Zeitalter der Kirche Christi folge?

Es gelang Wilhelm von Saint-Amour, Papst Innozenz IV., der bisher die neuen Orden gefördert hatte, zu überzeugen. Der Papst machte eine Kehrtwendung und gab am 21. November 1254 eine Bulle heraus, die nahezu alle Privilegien der Bettelorden aufhob. Die Predigerbrüder, die sich in ihrer Existenz bedroht fühlten, nahmen Zuflucht zum Gebet: Sie beteten mehrere Wochen hindurch in ihren Klöstern Tag für Tag Bußpsalmen und die Allerheiligenlitanei. Drei Wochen nach der Herausgabe der Bulle starb Innozenz IV. gänzlich unerwartet. Und der neue Papst Alexander IV. hob unmittelbar nach seiner Wahl in einer neuen Bulle die Entscheidungen seines Vorgängers ausdrücklich auf. Man führte diesen Erfolg auf die „Litaneien der Predigerbrüder" zurück. „Achtet auf die Litaneien der Predigerbrüder, denn sie wirken wahre Wunder", sagte man. Doch trotz des Wohlwollens des neuen Papstes wurden die Angriffe gegen die Bettelorden an der Universität nur noch heftiger, so daß Humbert von Romans 1256 anläßlich des Generalkapitels in Paris diese Gebete nochmals anordnete.

Für den Baccalaureus Thomas nahm unterdessen das Leben im Kloster St. Jacques seinen gewohnten Lauf. Er befolgte die Regel, wobei er die den Lehrern gewährten Dispensen in Anspruch nahm: Er hatte ein eigenes Zimmer, während die anderen in abgeteilten Zellen innerhalb des gemeinsamen Dormitoriums schliefen. Nicht an allen gemeinsamen Chorgebeten nahm er teil, er feierte die morgendliche Messe und betete die abendliche Komplet.

Neben seiner Vorlesungstätigkeit fand Thomas Zeit, eine Abhandlung über die Metaphysik zu schreiben: *De ente et essentia* (Über das Sein und das Wesen). Dieses Werk ist nicht so lang wie *Das Sein und das Nichts* von Jean-Paul Sartre aus unserem Jahrhundert, aber es ist von nicht geringerer Tiefe und führt nicht zur Verzweiflung über das Nichts. Thomas von Aquin war ein Philosoph, dem es stets um das Sein ging.

Die Studenten der Dominikaner und andere Kleriker strömten in seine Vorlesungen. Obwohl die Magister aus dem Weltklerus sich dagegen wehrten, hat ihm der Kanzler der Universität, Aimeric von Veire, die Lehrerlaubnis erteilt. Der Papst beglückwünschte mit Schreiben vom 3. März 1256 den Kanzler zu dieser Entscheidung und mahnte an, der neue Magister solle sobald als möglich seine Antrittsvorlesung halten. Das konnte jedoch nicht sofort ausgeführt werden, da die weltlichen Magister sich immer noch dagegen stellten. Doch schließlich mußten sie sich dem Willen des Papstes beugen. Unter dem Schutz königlicher Schutzbeamten konnte Bruder Thomas am Ende des Studienjahres seine Vorlesung halten. Mit den regulären Vorlesungen begann er im Herbst 1256, mit Beginn des neuen Studienjahres.

Am 23. Oktober 1256 ordnete der Papst an, die Magister von Paris müßten Thomas von Aquin und Bonaventura in ihr Kollegium aufnehmen. Bonaventura, der im gleichen Jahr bei den Franziskanern eingetreten war wie Thomas bei den Dominikanern, lehrte im Franziskanerkloster und befand sich in derselben schwierigen Lage wie Thomas. Ihm war es seit Jahren verwehrt, ins Kollegium der Magister aufgenommen zu werden. Die durch das päpstliche Machtwort erzwungene Aufnahme der beiden Theologen erfolgte offiziell erst am 15. August 1257.

In der Zwischenzeit, wohl schon im Sommer 1256, war Thomas vom Ordensgeneral Humbert von Romans ausgewählt worden, ihn nach Anagni auf seiner Reise zum päpstlichen Hof zu begleiten. Es ging darum, die Predigerbrüder gegen die hartnäckigen Beschuldigungen des Wilhelm von Saint-Amour zu verteidigen. In Humberts Auftrag begab sich Thomas an die Abfassung einer Streitschrift, die er, gemeinsam mit Bonaventura, in Paris vollendete. Das Werk trägt den Titel *Contra impugnantes Dei cultum et religionem* (Gegen die, die den Gottesdienst und das Ordensleben bekämpfen). Thomas zeigt darin, daß die neuen Bettelorden das Recht und die Pflicht haben, zu studieren, zu lehren und zu predigen.

Im Oktober des gleichen Jahres verurteilte Papst Alexander IV. die Schriften Wilhelms von Saint-Amour, enthob ihn von seinem Lehrstuhl und forderte vom König von Frankreich, ihn ins Exil zu schicken.

Die Prediger hatten gewonnen. Glaubt man dem Chronisten Gerhard von Frachet, standen sie nicht nur unter dem Schutz des Papstes und des Königs, sondern auch unter dem Schutz der göttlichen Vorsehung, die immer wieder zu ihren Gunsten eingriff. Die Brüder des neu errichteten Klosters von Mâcon zum Beispiel waren der Feindseligkeit Wilhelms von Saint-Amour ausgesetzt. Dieser hatte es als Domherr von Mâcon so eingerichtet, daß die Brüder sich für den Bau ihrer Niederlassung derart verschuldet hatten, daß sie die Mittel nicht mehr zurückzahlen konnten und die Gründung wieder aufheben mußten. Da sah ein heiligmäßiger Bruder eines Nachts im Traum den König von Frankreich und den Kardinal Hugo von Saint-Cher über die Schwierigkeiten dieser Gründung sprechen. Einige Tage darauf ließen sowohl der König, der in Paris weilte, wie auch der Kardinal, der sich in Italien aufhielt, den Brüdern je einen Betrag von 100 Pfund zukommen.

Solche übernatürlichen Interventionen sind in den Chroniken dieser Zeit gang und gäbe. Sich als Ordensmann dem Gebet zu widmen, mit unermüdlichem Eifer zu studieren und zu lehren, die Studenten anzuleiten und dazu noch eine Fülle philosophischer und theologischer Werke zu schreiben: das alles gehört für Thomas zusammen. Alles dient den Menschen und der Kirche, wie Dominikus, der Vater der Predigerbrüder, es gewollt hat. Die beiden Formen eines heiligen Lebens, die Dominikus und Thomas verkörpern, sind untrennbar miteinander verbunden.

Als Magister hatte Thomas nunmehr einen der beiden theologischen Lehrstühle inne, die sich die Dominikaner an der Universität sichern konnten. Ein Magister war seinerzeit eine wichtige Person, eine „Autorität". Vor seiner

Antrittsvorlesung hatte Thomas lange gebetet; in einem Traum, in dem ihm der hl. Dominikus erschien, empfing er seine Inspiration für die Vorlesung – so wurde es jedenfalls von einem Zeugen im Heiligsprechungsprozeß ausgesagt. Thomas kommentierte Vers 13 aus dem Psalm 104: „Du tränkst die Berge aus deinen Kammern, die Erde wird satt von der Frucht deiner Werke." Ausgehend von diesem Text legte er dar, wie nach seiner Überzeugung die Theologie verstanden werden müsse und welche Aufgabe den Lehrern dieser Wissenschaft zukomme:

„Wir sehen mit den Sinnen, wie die Wolken aus der Höhe den Regen herabströmen lassen und die Berge, dadurch befeuchtet, Flüsse aus sich entlassen, durch die wiederum das Land getränkt und befruchtet wird. Ähnlich wird aus der Höhe der göttlichen Weisheit der Geist der Lehrer, deren Bild die Berge sind, getränkt, und durch ihren Dienst wird hernach das Licht der göttlichen Weisheit in den Geist der Zuhörer geleitet."

Die Vorlesung selbst entfaltet dann, gestützt auf zahlreiche Zitate aus der Heiligen Schrift, eine Fülle von Bildern und Gedanken. Magister Thomas sagt über die Lehrer – und damit über sich selbst: „Die Hoheit dieser geistlichen Lehre verlangt von den Lehrern, daß sie ihre Seele hoch erheben ...; wie die Berge dem Himmel nahe sind, verachten sie die Dinge der Welt, sind sie ausgespannt zum Himmel ... Alle Lehrer der Heiligen Schrift müssen hervorragen an Heiligkeit, um wirkungsvoll predigen zu können ..., sie müssen erleuchtet sein, um lehren zu können, und stark, um die Irrtümer zurückweisen zu können. Das ist ihr dreifaches Amt: die Predigt, die Lehre, die Disputation. ... Zu einem so hohen Dienst ist keiner von sich aus tauglich, doch in Gott finden wir, was wir benötigen ..., von ihm müssen wir es erbitten."

Drei Jahre lang, von 1256 bis 1259, kommt Thomas den drei von ihm genannten Verpflichtungen nach: Er predigt, lehrt und leitet Disputationen.

Als Magister war Thomas nach den Statuten der Universität dazu verpflichtet, Predigten zu halten. Von seinen Ansprachen an Sonn- und Feiertagen, die er auch an der Universität hielt, sind allerdings nur sehr wenige erhalten. Einmal wurde eine seiner Predigten durch einen Amtsdiener gestört, der ein Schriftstück verteilte, in dem der Bischof von Paris beschuldigt wurde, die Bettelorden zu begünstigen. Die Feindseligkeiten waren also nur zurückgedrängt und konnten jederzeit wieder offen ausbrechen. Das ist sogar in der profanen Literatur zu spüren, so bei Rutebeuf oder im zweiten Rosenroman des Jean de Meung, einer Satire über die Bettelorden mit tausend Versen, die ihren Stoff direkt den Werken des Wilhelm von Saint-Amour entnimmt.

Thomas' Lehrtätigkeit bestand vor allem darin, die Bücher der Heiligen Schrift zu kommentieren. Drei Jahre lang widmet er sich dem Evangelium nach Matthäus, nachdem er zunächst vielleicht Jesaja „gelesen" hatte, den er als Baccalaureus zu kommentieren begonnen hatte.

Zweimal im Jahr fanden feierliche „Disputationen" statt, an denen die Baccalaurei, die Studenten und selbst die Professoren teilnehmen mußten. Daneben gab es die *Quodlibet*, die verschiedene Themen behandelten, sowie theologische Übungen, die *Quaestiones disputatae*. Diese waren fester Bestandteil des Studiums; es handelte sich um eine pädagogisch ausgefeilte Methode, theologische Fragen und

Thomas, der 32jährige Magister in Paris, bei einer Vorlesung

Probleme zu erörtern: Die sog. Opponenten und Respondenten versuchen einer These argumentativ Geltung zu verschaffen oder ihr zu widersprechen. Der Magister, dessen Lehrautorität anerkannt wird, hatte die Aufgabe, die Debatte abzuschließen, zu „terminieren" und das Ergebnis in Lehrsätze zu fassen. Diese *Quaestiones disputatae* waren das Forum, auf dem sich die Theologie im 13. Jahrhundert weiterentwickelt hat. Die von Magister Thomas in drei Jahren geleiteten „Dispute" liegen in der Sammlung *De veritate* (Über die Wahrheit) vor.

Da der Orden die Arbeit seiner Lehrer nach Kräften förderte, durfte ein Magister der Theologie auch teure Bücher kaufen, die nicht in der Bibliothek vorhanden waren. Für Niederschrift und Veröffentlichung gab es die erwähnte Organisation von Kopisten und Bibliothekaren der Universität. Für die Abfassung seiner Werke standen Magister Thomas mehrere Sekretäre zur Verfügung. Er schrieb selbst den Text seiner Vorlesungen nieder oder sah die Notizen durch, die sich die Studenten machten, oder aber er diktierte seine Werke einem Sekretär. Dank der Forschungen des Historikers A. Dondaine kennen wir heute die verschiedenen Sekretäre, die Mitarbeiter von Magister Thomas waren.

Einige seiner Werke gehen auf Vorlesungen oder Disputationen zurück, andere entstanden ohne unmittelbaren Bezug zu seiner Lehrtätigkeit. Während seines ersten Aufenthalts in Paris schrieb Thomas u. a. Kommentare zu den Werken des Boethius und zu dem Buch *Über die göttlichen Namen* des Dionysios Areopagites, den er – wie seinerzeit üblich – für einen in der Apostelgeschichte erwähnten Paulus-Schüler hielt. Er begann ferner ein groß angelegtes

Werk mit dem Titel *Contra Gentiles*, in dem er die Wahrheit des katholischen Glaubens gegen Irrtümer verteidigen wollte. In der großen „Kontroverse" konnte er sich nicht mit Schriften zur Verteidigung der Bettelorden und des Ordenslebens begnügen. Es gab viel zu tun für einen Lehrer, der seinen Auftrag darin sah, in der Kontemplation die Reichtümer der göttlichen Wahrheit zu empfangen, um sie den Menschen weiterzugeben – denen, die die Wahrheit nicht kennen, wie auch den Gläubigen, damit diese sie immer besser kennenlernen und vertiefen können.

Aus seinen Werken erfahren wir nur wenig über das Leben des Bruders Thomas von Aquin. Er gehört nicht zu denen, die über ihr Leben geschrieben haben, wie zum Beispiel Augustinus in seinen Bekenntnissen oder später Teresa von Avila und auch Therese von Lisieux. Aber sein Werk gibt uns doch Einblick in sein geistliches Leben. Ob er lehrt oder schreibt, es geht ihm immer darum, den Glauben der Kirche weiterzugeben, und das drückt seinen ganz persönlichen Glauben aus. Wenn er dem hl. Dominikus folgt, so deshalb, weil er wie dieser ein Predigerbruder sein will. Er glaubt und lebt diesen Glauben; er stärkt ihn täglich im Gebet und im Studium; er setzt ihn in Beziehung zum Denken der Menschen seiner Zeit. Und so kann er ihn vermitteln.

Die Ausgeglichenheit, die Thomas von Aquin während der Streitigkeiten an der Universität an den Tag legte, scheint auch durch die Ereignisse, die zu Beginn des Jahres 1250 in Norditalien die Menschen beunruhigten und in Aufruhr versetzten, nicht getrübt worden zu sein. Zwanzig Jahre waren vergangen, seit die Päpste den Predigerbrüdern die schwere Aufgabe der Inquisition übertragen hatten. Es ging um die Bekämpfung der Häresien, die den christlichen Glauben und die Einheit der Kirche bedrohten. Diese Institution gerecht zu beurteilen fällt heute sehr schwer; das mittelalterliche Denken ist unserer modernen Mentalität fremd.

Wegen ihrer theologischen Kompetenz und ihrer Kenntnis des kirchlichen Rechts waren die Predigerbrüder für die Päpste eine willkommene „Hilfstruppe". Innozenz IV. hat ein Bittgesuch des Provinzials von Toulouse, die Brüder von dieser Aufgabe zu entbinden, kategorisch zurückgewiesen. Wenige Jahre darauf hat der Papst Petrus von Verona, der für seine Tugend, seine Beredsamkeit und seine Unerschrockenheit bekannt war, zum Inquisitor der Lombardei ernannt, und dieser widmete sich mit großem Eifer der Aufgabe, den Glauben zu verteidigen. Er wurde am 6. April 1252 auf dem Weg von Como nach Mailand von einem gedungenen Mörder umgebracht. Die Nachricht von diesem Martyrium fand ein außergewöhnliches Echo, um so mehr, als der Mörder sich bekehrte und Laienbruder bei den Dominikanern wurde. Weniger als ein Jahr nach dem Mord hat Innozenz IV. den Martyrer Petrus heiliggesprochen.

Es gibt Autoren, die Thomas für die Schrecken der Inquisition mitverantwortlich machen wollen, ja man ging sogar so weit, zu behaupten, er habe mehr Greuel auf dem Gewissen als die Nazis! – Richtig ist, daß Thomas es als schweres Vergehen ansah, wenn jemand einer Häresie anhing, seine Verpflichtungen gegenüber dem Glauben brach und sich so von der Gemeinschaft, vom Leib der Kirche trennte. Es war daher nur konsequent, daß Thomas die Ausübung der bischöflichen wie der päpstlichen Inquisition, wie sie sich seit einigen Jahrzehnten herausgebildet hatte, akzeptierte.

Aber eine Zwangsbekehrung der Juden etwa hat er kategorisch abgelehnt. Mehr als zweihundert Jahre nach seinem Tod wies Isabella die Katholische alle Juden aus ihrem Königreich, und der berüchtigte Großinquisitor Thomas de Torquemada ließ Tausende von „heuchlerischen" Juden verbrennen. Nichts im Denken des hl. Thomas könnte ein solches Vorgehen rechtfertigen.

Auch wenn Päpste und Bischöfe seiner Zeit das Wissen und die Kompetenz der Dominikaner und der Franziskaner für ihre Inquisitionsgerichte einsetzten, wüßte ich nicht, daß sie sich jemals an den Magister Thomas gewandt hätten. Tatsache ist, daß er selbst einem solchen Verfahren ausgesetzt war: Das kirchliche Gericht des Bischofs von Paris, Etienne Tempier, stellte einige seiner Aussagen unter Häresieverdacht. Beim ersten Mal, im Jahr 1270, konnte Thomas selbst darlegen, daß die Verurteilung eigentlich nur Irrtümer der Averroisten traf. Doch beim zweiten Mal, im Jahr 1277, wurden einige seiner wichtigsten Gedanken verurteilt. Diesmal konnte er sich nicht selbst verteidigen, er war schon gestorben. Erst im Jahr 1325 hat der Nachfolger von Etienne Tempier, Etienne Bourrat, die Verurteilung von 1277, soweit die Maßnahme Lehren des Thomas betraf, zurückgenommen.

In Italien

(1259 – 1268)

Im letzten Jahr seiner ersten Lehrtätigkeit in Paris, 1259, hat das Generalkapitel des Ordens in Valenciennes eine Studienkommission eingesetzt, der Albert der Große, Petrus von Tarantaise, der später zum Papst gewählt wurde, und der damals 35jährige Magister Thomas angehörten. Ende 1259 kehrte Thomas nach Italien zurück, sicherlich auf Anordnung des Ordensgenerals Humbert von Romans, ohne daß wir wissen, welche Gründe es im einzelnen dafür gab. Papst Alexander IV. (1254 – 1261), der wenige Jahre vorher die Bettelorden gerettet hatte, ließ Bruder Thomas als Lektor an den päpstlichen Hof kommen.

Der päpstliche Hof wechselte oft seinen Standort. In jener Zeit befand er sich in Anagni, wurde aber bald nach Orvieto und Viterbo verlegt, wohin Thomas folgte, um dort zu lehren. Auch der nachfolgende Papst Urban IV. (1261 – 1264) brachte ihm großes Wohlwollen entgegen und holte in allen wichtigen Fragen seinen Rat ein. Im Jahr 1264 wollte er ihn zum Erzbischof von Neapel machen, und die Ernennungsbulle war schon unterwegs. Bruder Thomas, der zwanzig Jahre zuvor Neapel verlassen hatte, um nicht Gefahr zu laufen, Abt von Monte Cassino zu werden, stand jetzt, mit 40 Jahren, vor einer kirchlichen Karriere. Thomas aber sagte nein und erreichte, daß die päpstliche Bulle annulliert wurde. Der hl. Dominikus hatte 50 Jahre vorher ähnlich reagiert; er lehnte es dreimal ab, Bischof zu werden.

Wir dürfen dabei nicht vergessen, daß ein Bischof damals zugleich ein Feudalherr war.

Bruder Thomas vertraute später seinem Sekretär Reginald von Piperno an, daß er immer um eines gebetet habe: nie den Stand der Demut zu verlassen, den er mit dem Eintritt in den Orden gewählt hatte. Reginald wollte ihn überreden, sich – wie der Franziskaner Bonaventura – zum Kardinal ernennen zu lassen, denn das bedeute für den Orden eine große Ehre. Thomas aber antwortete, er könne in keinem Stand dem Orden so nützlich sein wie im jetzigen. Reginald beharrte: „Vater, ich sage das nicht Ihretwegen, sondern im Interesse des Gemeinwohls." Da schnitt ihm Thomas das Wort ab und sagte: „Du kannst sicher sein, daß ich nie, nie und nimmer, meinen Stand wechsle."

Albert der Große hatte 1260 einer Anfrage des Papstes zugestimmt. Er war der Meinung, er müsse Alexander IV., der ihn zum Bischof von Regensburg ernennen wollte, gehorchen, trotz der Bitten des Ordensgenerals Humbert von Romans, der ihn brieflich aufgefordert hatte, „sich nicht durch Rat und Bitten der Prälaten des päpstlichen Hofes, wo man die Dinge nicht so ernst nimmt, umstimmen zu lassen".

Es ist nicht möglich, das Wirken des hl. Thomas in diesen Jahren im einzelnen zu schildern. Einerseits folgte er dem päpstlichen Hof – zunächst Alexander IV., dann Urban IV. und Clemens V. – an die verschiedenen Aufenthaltsorte; er wirkte dort als Lektor der Theologie und erfüllte weitere ihm anvertraute Aufgaben. Andererseits war er auch seinem Orden verpflichtet. Die römische Provinz ernannte ihn zum „Generalprediger", und er nahm an den Versammlungen der Provinzkapitel teil, die jedes Jahr in einer anderen Stadt

Papst Urban IV. will Thomas zum Erzbischof von Neapel ernennen. Doch Thomas lehnt ab, weil er fürchtet, das einfache Leben eines Predigerbruders aufgeben zu müssen.

abgehalten wurden. Er leitete die Hochschule der römischen Dominikanerprovinz und hielt selbst Vorlesungen.

Damals stellte man ihm Reginald von Piperno als Begleiter und persönlichen Sekretär an die Seite, der ihn bis zu seinem Tod nicht mehr verlassen hat und dessen Zeugnis für uns von besonders wertvoll ist. Für Reginald hat Magister Thomas ein Werk verfaßt, das unter dem Titel *Compendium theologiae* bekannt ist; es gibt einen Überblick über den katholischen Glauben und ist, wie wir heute sagen würden, eine Art Katechismus.

Während eines Aufenthalts in Rom bekehrten sich zwei Juden, was dem Wort und der Heiligkeit des Thomas von Aquin zugeschrieben wurde. Im Heiligsprechungsprozeß berichtete ein Zeuge darüber: Herr Richard, Kardinaldiakon von S. Angelo, ließ eines Tages Bruder Thomas nach Molara, eine Burg in der Nähe von Rom, kommen. Der Kardinal, der Thomas gut kannte, bat ihn, mit ihm Weihnachten zu feiern. Als Thomas nach Molara kam, fand er dort zwei römische Juden, Vater und Sohn, reiche Männer, beide in der hebräischen Sprache gelehrt. Der Kardinal sagte in Gegenwart der Juden zu Thomas: Bruder Thomas, sagt einige Eurer guten und heiligen Worte zu diesen Männern ... Thomas und die beiden Juden zogen sich in die Burgkapelle zurück, und sie blieben dort lange Zeit in Gespräch und wissenschaftlicher Erörterung. ... Zum Abschluß sagte Thomas zu ihnen: Geht, und denkt über diese Dinge nach. Morgen wollen wir uns hier wieder treffen, und ihr werdet mir frei sagen, ob ihr noch Zweifel habt. Und so geschah es. In der Zwischenzeit betete der fromme Lehrer um ihre Bekehrung und erflehte vom Sohne Gottes, daß sie ihm zur Freude des Festes seiner Geburt gewährt

Thomas diskutiert an Weihnachten 1265 mit zwei reichen Juden. Diese finden zu Christus und lassen sich taufen.

werde. Am nächsten Morgen betraten sie gemeinsam wieder die Kapelle. Als man alle drei das *Te Deum* singen hörte, erfüllte großer Jubel die ganze Burg. Die beiden Juden wurden getauft. Sie sagten dem Kardinal, daß sie sich innerlich verwandelt fühlten, als sie mit Thomas die Kapelle betraten und ihn sprechen hörten, so daß sie nur mit Mühe Einwände gegen seine Beweise vorbringen konnten.

Einige Jahre später verfaßte Bruder Thomas seine „Summe der Theologie". Darin schreibt er, es komme nicht in Frage, die Juden mit Gewalt zum christlichen Glauben zu führen. „Sie dürfen in keiner Weise zum Glauben gezwungen werden, denn der Glaube ist Sache des freien Willens." Man dürfe sie nicht bekämpfen, selbst dann nicht, wenn sie dem wahren christlichen Glauben schaden. Man könne nicht Umgang pflegen mit ihnen, ohne daß man Schaden litte, wenn man sich von ihren antichristlichen Argumenten beeinflussen lasse. Wer jedoch stark im Glauben sei, dem verbiete nichts, Umgang mit Juden zu pflegen; im Gegenteil, man dürfe sogar hoffen, daß sie sich bekehren.

König Ludwig IX. war damals nicht gerade freundlich gesinnt gegenüber den Juden, er hatte sie sogar vertreiben lassen. Allerdings nicht so sehr aus religiösen Gründen; Anlaß war vor allem, daß sie Wucher trieben, mit ruinösen Zinssätzen. Die christlichen Wucherer – die es auch gab – wurden nicht anders behandelt.

Bruder Thomas genoß in intellektuellen und kirchlichen Kreisen damals ein hohes Ansehen als Lehrer. Doch allmählich wurde er auch im breiten Volk mehr und mehr bekannt. Man schrieb ihm Wunder zu, die er durch seine bloße Anwesenheit wirkte. Ein Beispiel: Während der Karwoche predigte Thomas in Rom, in der Kirche Santa Maria Maggiore oder in Sankt Peter. Man erzählt, daß er seine Zuhörer zu Tränen rührte. Am Ostertag forderte er sie auf, sich mit Maria über die Auferstehung ihres Sohnes zu freuen. Als er von der Kanzel herunterstieg, gelang es einer Frau, die unter Blutungen litt, den Saum seines Umhangs zu berühren. Sie spürte sofort, daß sie geheilt war, und folgte ihm bis in das Kloster Santa Sabina. Dort erzählte sie den Vorfall Reginald von Piperno, dem treuen Gefährten des Thomas.

Bei seinem Heiligsprechungsprozeß erklärten der Chronist und die Zeugen, daß die Wunder, die Thomas nach seinem Tod gewirkt habe, noch eindrucksvoller gewesen seien.

Der Aufenthalt in Italien dauerte von 1259 bis 1268. Wir haben davon nur wenige beglaubigte Nachrichten. Man weiß, daß Bruder Thomas beim Generalkapitel in Bologna im Jahr 1267 seine Provinz vertrat. Damals wurde der Leichnam des hl. Dominikus feierlich in ein schöneres Grab umgebettet. Im Studienjahr 1267/68 lehrte Thomas in Viterbo.

Seine häufigen Ortswechsel verhinderten nicht den Fortgang seiner Forschungen. In Italien traf er wieder kurz mit Albert dem Großen zusammen; außerdem hatte er eine Begegnung mit Wilhelm von Moerbeke, dem Übersetzer des Aristoteles.

Auch Bruder Thomas ging nun daran, die wichtigsten Werke des Aristoteles – den er immer „den Philosophen" nennt – zur Naturphilosophie und Metaphysik zu kommentieren und seine Kommentare zu veröffentlichen. Der Auseinandersetzung mit Aristoteles kam insofern besondere Bedeutung zu, als Thomas zu dieser Zeit den ersten Teil seiner „Summe der Theologie" schrieb.

Für den Magister der Theologie allerdings stand die Bibel in Studium und Lehre an vorderster Stelle. Er stellte auf Anordnung des Papstes Urban IV. ein nützliches Werk zusammen, die *Catena aurea* (goldene Kette), in der dem Text der Evangelien Zitate von Kirchenvätern zur Seite gestellt werden.

Es ist so gut wie sicher, daß das Offizium des Fronleichnamsfestes, das 1264 von Urban IV. in der ganzen Kirche eingeführt wurde, sein Werk ist.

Zweiter Aufenthalt in Paris

(1269 – 1272)

Die theologischen Auseinandersetzungen an der Universität Paris schlugen immer höhere Wellen. Sie hatten in dem Jahrzehnt, in dem Thomas sich in Italien aufhielt, an Schärfe zugenommen, und ein Ende der Kontroverse war nicht in Sicht. Der neue Ordensgeneral Johannes von Vercelli entschied, Thomas, der als Magister zunehmend an Autorität gewann, nach Paris zurückzuschicken. So machte sich Bruder Thomas mit einigen Gefährten wieder auf den Weg nach Frankreich.

Im Kloster zu Bologna, der ersten größeren Zwischenstation, hielt Thomas am 2. Dezember 1268 vor den Mitgliedern der Universität eine Predigt. Von diesem Aufenthalt in Bologna ist eine Episode überliefert, die von der Bescheidenheit des berühmten Mannes zeugt: Ein Bruder aus einem anderen Kloster, der Thomas nicht kannte, sollte aufbrechen, um andernorts Vorlesungen zu halten. Der Regel entsprechend hatte er den Prior um den Segen gebeten. Dieser trug ihm auf, den ersten Bruder, den er im Kreuzgang treffen würde, als Socius (Begleiter) zu nehmen. Die Klausur durfte ja nur mit einem Begleiter verlassen werden. Die Erzählung fährt fort: „Nach seiner Gewohnheit wandelte der große Lehrer durch den Kreuzgang. ‚Guter Bruder', sagte der andere, ‚der Prior befiehlt dir, daß du mit mir kommst.' Thomas nickte sogleich mit dem Kopf und folgte ihm. Der Gefährte war schneller, und Thomas,

Der Magister der Theologie begleitet einen Bruder

der älter und sehr beleibt war, blieb ein wenig zurück. Die Bürger aber, die ihn kannten, ließen den jüngeren Bruder wissen, wer ihm folgte. Als dieser sich bei Thomas entschuldigen wollte, erhielt er zur Antwort: ‚Im Gehorsam vollendet sich der Ordensstand, in dem der Mensch sich anderen um Gottes Willen unterwirft, wie Gott den Menschen um des Menschen willen gehorcht hat.'"

Die Quellen geben uns kaum Hinweise auf die jeweilige Route, die Magister Thomas bei seinen zahlreichen Reisen genommen hat. Von Bologna soll er nach Mailand gezogen sein, wo er ebenfalls gepredigt hat. Aber es ist schlicht unmöglich, daß er in dieser Jahreszeit die Alpen über den Kleinen Sankt Bernhard überquert hat. Vielleicht haben die erwähnten Predigten in Bologna und Mailand auch zu einem anderen Zeitpunkt stattgefunden. Es ist wahrscheinlicher, daß er von Rom aus den See- und Flußweg genommen hat.

Fünfzig Jahre später erzählt Wilhelm von Tocco wundersame Einzelheiten von seinen eigenen Reisen nach Avignon. Während eines Gewitters sei er einmal auf die Fürsprache des hl. Thomas gerettet worden. Von einer Reise des hl. Thomas nach Paris, wobei ungeklärt bleibt, ob es sich um diese letzte Reise handelt, berichtet Tocco: Thomas ist „auf dem Meer in ein heftiges Gewitter geraten; selbst die Matrosen fürchteten den Tod. Er aber blieb während des ganzen Orkans völlig ruhig."

Als die Reisenden in Paris eintrafen, hatte das akademische Jahr schon begonnen. Die Auseinandersetzungen waren in vollem Gang. Wilhelm von Saint-Amour war zwar verurteilt und ins Exil geschickt worden, aber seine Schüler hielten sozusagen die Stellung.

Der Dichter Rutebeuf, der auf eine kirchliche Laufbahn verzichtet hatte und als Spielmann umherzog, hatte für ihn Partei ergriffen und verspottete die Dominikaner in einem Stück mit dem Titel „Der Streit zwischen der Universität und den Jakobinern“. Er wandte sich an den König selbst und zeigte sich bestürzt, mit welcher Unvernunft man gegen Magister Wilhelm vorgehe. Im „Kampf der Tugenden und der Laster“ fragt er sich, wie der König es geschehen lassen konnte, daß die Bettelorden einen so großen Einfluß gewannen, daß „die Brüder das ganze Königreich in ihrer Hand haben“. Zugleich gibt er seiner Hoffnung Ausdruck: „Bald ändert sich alles, und ihre Herrschaft geht zu Ende.“

Gerhard von Abbeville und Nikolaus von Lisieux, zwei Magister aus dem Weltklerus, hatten die Nachfolge von Wilhelm von Saint-Amour angetreten. Eine der ersten Aufgaben, die auf Thomas von Aquin im Jahr 1269 zukam, war es, ihnen entgegenzutreten. Zu diesem Zweck verfaßte er zwei kleinere Schriften, eine über das geistliche Leben, die mehr theoretisch ausgerichtet war, und eine Streitschrift mit dem bezeichnenden Titel: *Contra doctrinam retrahentium a religione* (Gegen die Lehre derer, die andere vom Ordensleben abhalten).

Die Feindseligkeit des Wilhelm von Saint-Amour und seiner Anhänger gründete nicht nur im Streit um die Lehrstühle. Es ging um eine viel weitreichendere Frage. Der Historiker Michel-Marie Dufeil hat nachweisen können, daß Wilhelm von Saint-Amour die neue Denkweise als solche bekämpfte, den neuen Stil, die neuen Orden und – vor allem – das Eindringen des Werks von Aristoteles in die Theologie.

Aristoteles in der Theologie: Über dieses Thema wurde viel diskutiert an den Universitäten des 13. Jahrhunderts. Das schlug sich nieder im Leben und Werk des Thomas von Aquin, vor allem während seines zweiten Aufenthalts in Paris von 1269 bis 1272. An der Artistenfakultät wurden die Bücher des Aristoteles schon seit 1252 „gelesen". Mit Aristoteles drangen aber auch Schriften seines arabischen Kommentators Averroes ein. Und das war noch strittiger.

Der Hagiograph Wilhelm von Tocco, der in erster Linie die wissenschaftliche Überlegenheit des hl. Thomas herausstellen will, schreibt darüber: Thomas „widerlegte, dank der Offenbarung des göttlichen Geistes, einige Irrlehren, die zu seiner Zeit aufkamen. Von diesen Irrlehren war die erste [die zweite ist nach Tocco die Lehre des oben erwähnten Wilhelm von Saint-Amour] die des Averroes, der behauptete, in allen Menschen sei nur eine Vernunft. Dieser Irrtum begünstigt die Irrlehren der Bösen und setzt die Tugend der Heiligen herab. Wenn es nämlich in allen Menschen nur eine Vernunft gibt, dann besteht kein Unterschied unter den Menschen und keine Verschiedenheit ihrer Verdienste. Dieser Irrtum gewann in den Köpfen einfacher Leute großen Einfluß und war so gefährlich, daß in Paris ein Ritter auf die Frage, wie er sich von seinen letzten Verbrechen reinigen wolle, antwortete: ‚Wenn die Seele des heiligen Petrus gerettet ist, dann werde auch ich gerettet werden, denn wenn wir mit einer Vernunft erkennen, werden wir unser Leben mit ein und demselben Ausgang beenden.' ... Diese Irrlehre konnte wegen ihrer sophistischen Beweisführung eine große Zahl von Anhängern gewinnen. Daher verfaßte der Lehrer [Thomas] gegen diesen Irrtum eine bewundernswerte Schrift, in der er außer durch Glaubensgründe auch durch die Worte des Aristoteles, die Averroes falsch verstanden hatte, den Irrtum mit der Wurzel tilgte und als unbegründet erwies. Nun konnte niemand mehr, der die Worte des Aristoteles zu begreifen vermochte, daran zweifeln, daß diese Irrlehre unvernünftig ist".

Magister Thomas hat zu diesem Thema tatsächlich ein wichtiges Werk geschrieben: *De unitate intellectus contra Averroistas* (Über die Einheit des Intellektes gegen die Averroisten). Die Averroisten von Paris hatten als führenden Kopf einen Magister der Artistenfakultät, Siger von Brabant. Er war ein sehr begabter, großer Wissenschaftler, der auf keinen Fall ein Häretiker sein wollte. Dante hat ihn in seiner *Göttlichen Komödie* unter den Heiligen des Paradieses aufgeführt [X 133-138]. Aber Siger interpretierte Aristoteles mit Hilfe der Schriften des Muslimen Averroes. Auf die Frage: Kann die Welt aus dem Nichts erschaffen worden sein? antworteten Aristoteles und sein Kommentator mit einem klaren Nein. Denn aus dem Nichts, so ihre Begründung, kann nichts hervorgehen. Man warf Siger vor, er würde dem Problem ausweichen durch die These einer „doppelten Wahrheit", der Wahrheit der Philosophie und der Theologie. Nach seiner Auffassung könnten die Magister der Artistenfakultät nach Belieben Aristoteles und seine Naturphilosophie lehren und die Theologen die biblische Schöpfungslehre.

Die Probleme waren so ernst, daß die Theologen der Universität alles daransetzten, die berüchtigten Averroisten in Disputen und Veröffentlichungen zu widerlegen. Der berühmteste dieser Theologen war Bonaventura, der Magister aus dem Franziskanerorden. Aus der Ferne griff auch Albert der Große mit seinen Schriften ein.

Thomas muß sich während seiner Zeit in Paris an mehreren Fronten schlagen: gegen die Schüler des Wilhelm von Saint-Amour, gegen Siger von Brabant, der ein Gegner ganz anderen Formats war – Thomas und Siger haben sich übrigens gegenseitig sehr geachtet –, und nun auch gegen Bonaventura und andere Franziskanertheologen. Letztere waren um den Glauben besorgt; sie wollten der augustinischen Tradition treu bleiben und lehnten nicht nur die gewagten Lehren der Averroisten ab, sondern Aristoteles selbst. Bonaventura, der 1257 zum Ordensgeneral der Franziskaner gewählt geworden war, konnte mit Thomas gemeinsam gegen die Weltkleriker kämpfen, die sich gegen die Bettelorden wandten. In den theologischen Grundsätzen waren die beiden jedoch sehr weit voneinander entfernt.

Von Aristoteles wollte Bonaventura nur die Logik gelten lassen. Und Siger von Brabant wollte er ganz verurteilen. Thomas war, als Schüler Alberts des Großen, seit langem ganz für den Aristotelismus gewonnen. Er war überzeugt: Wenn man die Irrtümer bekämpfen will, die den „Artisten" in ihren Auslegungen unterlaufen, muß man sich auf ihre Ebene begeben. Sonst verhindert man den wissenschaftlichen Fortschritt. Die Werke des „Philosophen" hatten für ihn eine große Bedeutung für die Erkenntnis der Natur und für die Philosophie. Schon in Italien hatte Thomas mehrere Kommentare zu Aristoteles verfaßt. Im Interesse der Studenten der Artistenfakultät und auch der jungen Brüder seines Ordens zeigte er sich jetzt engagierter denn je.

Die augustinische Linie des Bonaventura wurde vertreten von John Peckham, einem Magister der Franziskaner. In einer der feierlichen Disputationen, wie sie damals regelmäßig vor der ganzen Universität stattfanden, standen sich

Thomas von Aquin und John Peckham gegenüber und erörterten subtile philosophische und theologische Fragen. Peckham war nicht unbedeutend, er wurde später Erzbischof von Canterbury. Wie ein Zeuge beim Heiligsprechungsprozeß aussagte, hätten „seine hochtrabenden und unverschämten Worte Bruder Thomas in Wut bringen müssen"; aber „er antwortete immer mit Sanftmut und Bescheidenheit. So verhielt er sich bei allen Disputationen, wie scharf und lebhaft sie auch geführt wurden". Offensichtlich haben diese Gelassenheit und Selbstbeherrschung während der Diskussionen die Zeitgenossen tief beeindruckt. Bei einer solchen Veranstaltung, an der auch der Bischof und der Kanzler der Universität teilgenommen hatten, wurde Thomas von einem jungen Magister heftig angegriffen. Auf dem Rückweg staunten die Brüder, die ihn begleiteten, darüber, daß er immer „ruhig im Ton und zurückhaltend in seinen Worten" geblieben war.

Thomas konnte aber auch scharfe Formulierungen gebrauchen. In einer kleinen Schrift mit dem Titel *De aeternitate mundi contra murmurantes* (Über die Ewigkeit der Welt gegen die Nörgler) sagt er von seinen Gegnern, sie glaubten, „die Wahrheit sei mit ihnen auf die Welt gekommen". Ein andermal nimmt er sich diejenigen vor, die junge Leute vom Eintritt in die Bettelorden abhalten wollen: „Wenn einer die dargelegten Argumente angreifen will, dann soll er nicht in Winkeln und vor den Bengeln plappern, die nicht über derart schwierige Dinge zu urteilen wissen, sondern er soll ein Werk schreiben und veröffentlichen, damit kompetente Leute anhand der Autorität der Wahrheit darüber urteilen können, was richtig ist, und zurückweisen, was falsch ist."

Er schließt sein Werk „Über die Vollkommenheit des geistlichen Lebens“ mit den Worten: „Wenn einer gegen dieses Werk schreiben will, so wird mir das sehr willkommen sein. Denn Wahr und Falsch wird auf keine Weise besser offenbar und enthüllt, als im Widerstand gegen den Widerspruch, gemäß dem Wort ‚Eisen wird durch Eisen geschärft‘ (Spr 27,17). Gott aber mag richten zwischen uns und ihnen: Er sei gebenedeit in Ewigkeit. Amen.“

Die Graphologen, die seine Handschrift untersucht haben, sagen ihm ein ungestümes Seelenleben nach. Seine legendäre Ruhe „verbarg in Wirklichkeit ein Temperament von großer Heftigkeit“. Doch Thomas hatte sein Naturell unter Kontrolle.

Für Unruhe sorgten seinerzeit nicht nur Aristoteles und sein Kommentator Averroes, nicht nur Siger von Brabant und der Averroismus. Auch die Thesen des Joachim von Fiore, eines Zisterzienserabts aus dem 12. Jahrhundert, waren Gegenstand der Diskussion. Joachim war gewiß ein kluger Reformator seines Ordens, aber er war auch als Autor abenteuerlicher Theorien hervorgetreten, die die Geister in der Zeit des Thomas von Aquin (und weit darüber hinaus) erregten. Der Abt aus Kalabrien legte die Prophezeiungen der Offenbarung des Johannes aus. Er vertrat die Auffassung, das Alte Testament sei das Reich des Vaters, der Neue Bund das Reich des Sohnes. Nun gehe man dem „dritten Reich“ entgegen, dem Reich des Heiligen Geistes, das über das Reich Christi und der Kirche hinausführe. Seine Ansichten waren für viele Menschen verführerisch. In den „Propheten der Letztzeit“, den Verkündern des „ewigen Evangeliums“, von denen Joachim gesprochen hatte, wollten manche die neuen Bettelorden erkennen, vor allem die Franziskaner, was bei diesen zu schweren Krisen führte.

Thomas von Aquin war nicht der Mensch, der sich durch solche Ideen, denen er an allen Stationen seiner Lehrtätigkeit begegnete, groß beeindrucken ließ. „Diese Irrtümer", schreibt Wilhelm von Tocco, „hat der Lehrer an verschiedenen Stellen in seinen Schriften widerlegt, indem er zeigte, daß nach Christi Evangelium und dem letzten Testament des Sohnes Gottes, durch das jeder Gläubige in das himmlische Erbe eintritt, kein weiteres Alter der Kirche folgen darf, sondern daß dieses jetzige das Zeitalter der Gnade ist. Zur Vorbereitung der Herrlichkeit wird es bis zum Ende der Welt dauern." In diesem Sinne hat Thomas sich auch in seiner *Summa theologiae* geäußert: „Kein Stand des gegenwärtigen Lebens kann den Stand des neuen Gesetzes übertreffen (das Gesetz des Evangeliums, das selbst die Gnade des Heiligen Geistes ist). Wir warten auf kein anderes Gesetz."

Diesen Standpunkt hat Thomas schon während seiner Lehrtätigkeit als Baccalaureus in Paris im Jahr 1256 vertreten. In seinem Sentenzenkommentar weist er die zurück, die aus alten Prophezeiungen Folgerungen für die Zukunft ziehen: „Das sind nur menschliche Spekulationen, die einmal zutreffen mögen, aber ebenso auch trügerisch sein können." Und was den Abt Joachim betrifft, gilt „für ähnliche Spekulationen über die Zukunft, daß einige seiner Voraussagen eingetroffen sind, während andere sich als Trug herausgestellt haben". Mit anderen Worten, solchen Prophezeiungen kommt keinerlei theologische Autorität zu.

Das Arbeitspensum, das Thomas von Aquin während der drei Jahre seiner Lehrtätigkeit in Paris bewältigt hat, ist immens. Es liegen Kommentare zu biblischen Büchern vor, die aus der vornehmsten Aufgabe eines Magisters der Theologie, der Kommentierung der Bibel, erwachsen sind; dazu kommen zahlreiche *Quaestiones disputatae* über verschiedene Themen; aus seiner philosophischen Lehrtätigkeit stammen die Kommentare zu Büchern des Aristoteles, und nicht zuletzt arbeitete er weiter an seinem Hauptwerk, der „Summe der Theologie".

In so kurzer Zeit derart viele Schriften zu veröffentlichen war nur möglich, weil ihm gleich mehrere Sekretäre zur Seite standen, unter ihnen Reginald von Piperno, der sein treuester Freund war. Diese Equipe von *Scriptores* war Tag und Nacht in seiner Nähe; sie schrieben seine Vorlesungen in Schnellschrift mit, folgten seinem Diktat – Thomas konnte mehreren Sekretären gleichzeitig diktieren –, und sie kümmerten sich um die Veröffentlichung der Werke.

Das alles spielte sich im Kloster St. Jacques ab, wo Thomas das geregelte Leben der Brüder teilte, soweit er als Magister der Theologie nicht durch Dispensen und Hilfestellungen für die Arbeit davon entbunden war. Daß seine Aufgabe als Theologe gegenüber den Ordensregeln Vorrang hatte, wird in folgender Episode deutlich: Johannes von Vercelli, der sich in der Lombardei aufhielt, schickte an Magister Thomas, der in Paris lehrte, eine Liste mit 42 kontroversen Fragen und bat ihn, seine Meinung darzulegen. Seiner Antwort fügte Thomas einen Brief bei, der mit den Worten beginnt: „Ich habe Euren Brief am Mittwoch der Woche vor Ostern (in der Karwoche, am 1. April 1271) während der Konventmesse erhalten. Er enthält zahlreiche Punkte, die nacheinander zu beantworten Ihr mich bittet. Ihr wollt wissen, was die Kirchenväter darüber denken und was meine Meinung dazu ist. Ich habe mit meiner Antwort in der von Euch erbetenen Form am folgenden Tag begonnen und *alle sonstigen Angelegenheiten* zurückgestellt."

Der Umfang der Antworten entspricht einer gut zwanzigseitigen wissenschaftlichen Abhandlung von heute. Auch wenn bestimmte Fragen recht kurz behandelt werden, muß die Ausarbeitung etliche Stunden gedauert haben. Thomas konnte also unmöglich an allen liturgischen Zeremonien teilgenommen haben. In einem Dominikanerkloster der damaligen Zeit war der Gründonnerstag so ausgefüllt mit Gottesdiensten und Gebetszeiten, daß kaum Zeit für anderes verblieb: Auf die feierliche Messe folgten Zeremonien wie die rituelle Waschung der Altäre, die Fußwaschung, das Rezitieren der Abschiedsreden und das Gedenken der Todesangst Christi. Sicher mußte Bruder Thomas sich von der Teilnahme am Offizium dispensieren lassen, um an der angeforderten Stellungnahme arbeiten zu können; seine Aufgabe als Magister der Theologie verpflichtete ihn dazu. Der hl. Bernhard von Clairvaux hatte in einer vergleichbaren Situation, am Fest Mariä Geburt, das Schreiben aufgeschoben, bis die Feierlichkeiten abgeschlossen waren; für Thomas von Aquin hingegen konnte selbst die Arbeit religiösen Charakter annehmen und zur Liturgie werden.

Es wird berichtet, daß ihn der gregorianische Gesang öfter zu Tränen rührte; vor allem in der Fastenzeit, beim Responsorium *Media in Vita*: „Mitten wir im Leben sind mit dem Tod umfangen ..., laß uns nicht versinken in des bittern Todes Not."

Thomas „zelebrierte täglich eine Messe, wenn ihn nicht Krankheit hinderte, und nahm an einer weiteren teil, die von seinem Gefährten oder einem anderen gefeiert wurde, wobei er sehr häufig ministrierte". Der Nachdruck, den die Zeugen darauf legen, scheint anzudeuten, daß dies bei den anderen Priestern nicht üblich war. Oft vergoß er Tränen bei der Betrachtung des eucharistischen Geheimnisses, und einige Male geriet er bei der Zelebration in Exstase.

Thomas war nicht nur ein großer Gelehrter, er war auch ein großer Beter. Der Chronist Wilhelm von Tocco schreibt: „Gott schien an ihm während seines Lebens ganz offenkundig ein Wunder zu zeigen: Vermochte er doch in kurzer Zeit ... so viele Bücher durch seinen Schreiber schriftlich niederlegen zu lassen, so viele Fragen so zutreffend zu erörtern und so viele Neuheiten beim Schreiben zu lehren, daß es schien, als habe er sich die ganze Zeit mit nichts anderem beschäftigt als mit der Betrachtung der heiligen Schriften; ob er aß, spazierenging oder etwas Sonstiges tat, man konnte meinen, er habe sich mit nichts anderem beschäftigt, als zu überlegen, was er danach schreiben oder diktieren müßte."

Eine weitere Anekdote erzählt, daß Thomas einmal mit einigen Studenten nach Saint-Denis gegangen war, um dort die Reliquien des Heiligen zu verehren und die Abtei zu besuchen. Auf dem Rückweg, auf der Anhöhe des Montmartre, sagten die Studenten zu ihm: „Meister, seht Ihr, wie schön die Stadt Paris ist? Möchtet Ihr nicht Herr dieser Stadt sein?" Die Antwort ließ nicht auf sich warten: „Lieber möchte ich die Predigten des hl. Johannes Chrysostomus über das Matthäusevangelium haben."

Um 1270 war der Streit mit den Averroisten in Paris in vollem Gang. Ihre Aussagen wurden von einigen Theologen als Gefahr für den Glauben angeprangert, so daß der Bischof von Paris, Etienne Tempier, glaubte einschreiten zu müssen. Am 10. Dezember 1270 verurteilte er 13 Sätze als averroistisch und dem Glauben widersprechend. Bruder Thomas von Aquin wurde nicht belangt. Es ist sogar möglich, daß er einer der Magister war, die vor der Verurteilung um Rat gefragt worden waren. Wie auch immer, das Urteil war ganz im Sinne der Weltkleriker und der Vertreter der augustinischen Richtung. Seht, schien der Bischof sagen zu wollen, in welche Irrtümer die Anhänger des Aristoteles zu fallen drohen! Thomas von Aquin ließ sich davon nicht beeindrucken. Er fuhr fort, mit klarem Blick über Aristoteles zu lesen und ihn für seine Theologie heranzuziehen. Aber er „taufte" ihn, wie man später sagen wird.

Sieben Jahre danach verurteilte Bischof Etienne Tempier auf Drängen der Traditionalisten und angesichts der unaufhaltsamen Verbreitung der Thesen des Siger von Brabant neuerlich 219 Sätze. Einige darunter sind direkt Werken des Thomas von Aquin entnommen oder davon beeinflußt. Thomas aber lebte nicht mehr; er war 1274 in Italien, wohin er 1272 zurückgerufen wurde, gestorben.

Wieder in Italien

(1272 – 1274)

Thomas verließ um Ostern 1272 Paris, zu Pfingsten war er in Florenz, wo das Generalkapitel seines Ordens stattfand. Er nahm auch am Kapitel der römischen Provinz teil, das ihn mit der Leitung des ordensinternen Studiums beauftragte. Dann brach er nach Neapel auf, wo er in Zukunft arbeiten und lehren sollte.

Der Konvent von Neapel war seit den 40er Jahren, als Thomas den Bruder Johannes von Saint-Julien kennenlernte und sich entschied, bei den Predigerbrüdern einzutreten, beträchtlich gewachsen. Thomas kam als berühmter Magister zurück. Zwar herrschte dort nicht das intellektuelle Klima wie an den Ufern der Seine, aber die Vorlesungen des Bruder Thomas zogen viele Hörer an, darunter Bischöfe, Angehörige aller Orden und Laien, ganz zu schweigen von den jungen Dominikanern.

Thomas hatte 28 Jahre zuvor wohlüberlegt und entschlossen seine Familie verlassen und auf alles verzichtet, was ihm in einer großen feudalen Familie an Reichtum und Macht geboten wurde. Dennoch blieb er in liebender Verbundenheit mit seiner Familie. Sein Vater war zu der Zeit, als er in Roccasecca gefangengehalten wurde, gestorben. Wir erinnern uns, daß er damals seinen Schwestern (es waren wohl fünf oder sechs) aus der Heiligen Schrift vorgelesen hat und daß er mit ihrer Hilfe und der Hilfe der Mutter zu den Dominikanern zurückkehren konnte. Eine der Schwestern starb vor 1260, als er zum ersten Mal in Paris lehrte. Auch zwei seiner Brüder, Landulf und Raynald, waren schon seit längerer Zeit tot.

Die verstorbenen Angehörigen waren dem Denken und dem Gebet des Bruders Thomas immer gegenwärtig. Eine zeitgenössische Quelle berichtet, er habe in einer Vision die Seele seiner Schwester gesehen, die im Fegefeuer war und sein Gebet erbat. Thomas trug seinen Studenten aus dem Orden in Paris auf, sie sollten für seine verstorbene Schwester beten. Etwas später, in Rom, sprach seine Schwester wieder in einer Vision zu ihm; sie bedankte sich für die Messen, die sie aus den Qualen des Fegefeuers erlöst hätten, und versicherte ihm, daß sie das Heil erlangt habe. Thomas machte sich aber Sorgen um das Schicksal seiner Brüder. Landulf, sagte die Schwester, sei im Fegfeuer, Raynald jedoch sei im Himmel; er werde, da er den Tod für die Kirche erlitten habe, unter die Märtyrer gezählt.

Als Thomas nach Neapel zurückkehrte, lebten noch einige Verwandte. Im August 1272 konnte er seinem Schwager, Roger von Aquila, Graf von Traetto, im Sterben beistehen. Thomas wurde Testamentsvollstrecker seines Schwagers, was ihn zu König Karl I. führte, der sich in Capua aufhielt. Er verwendete sich auch für seine Nichte Francesca, Gräfin von Ceccano, damit sie in das Königreich zurückkehren dürfe, nachdem sie wegen politischer Verwicklungen gezwungen war, ins Exil zu gehen. Zudem verschaffte er ihr einen Paß, um ihr einen Kuraufenthalt an den Wassern von Pozzuoli zu ermöglichen.

Thomas lebte still und bescheiden, wurde aber als bedeutende Persönlichkeit gern zu Rate gezogen. Als Professor an der Universität erhielt er ein Gehalt vom König. Und weil es nicht als Verstoß gegen die evangelische Armut betrachtet wurde, daß ein Magister der Theologie über eigene Mittel verfügte, konnte er selbst Almosen an die Armen geben. Er hat auch die Kosten für ein kleines Fest übernommen, das er für die Studenten unter den Brüdern am Fest der hl. Agnes (21. Januar) im Jahr 1273 ausrichten ließ.

Im Rahmen seiner Lehrtätigkeit in Neapel kommentierte er die Psalmen und zwei große Paulusbriefe; er beschäftigte sich weiter mit den Schriften des Aristoteles, für deren Kommentierung er in Paris nicht genug Zeit hatte. Am wichtigsten aber war die Fortsetzung seiner *Summe der Theologie*; er widmete sich nun den Themen Inkarnation und Erlösung sowie den Sakramenten. Einen Gelehrten von geringerer Schaffenskraft hätte die Ausarbeitung eines einzigen dieser Werke auf Jahre hinaus beansprucht.

Sein ganzes philosophisches und theologisches Denken richtete sich darauf, der Wahrheit Raum zu verschaffen. Sein Leben lang hat er Studenten unterrichtet, Bücher geschrieben und mit Kollegen disputiert. In Neapel bat man ihn zudem, während der Fastenzeit des Jahres 1273 vor dem Volk zu predigen. Sein Ruf als hochgelehrter und heiligmäßiger Mann zog eine große Zahl von Hörern an. Nach Wilhelm von Tocco predigte er im neapolitanischen Dialekt, in seiner Muttersprache, „die er wegen der ständigen Entrückung des Geistes mit keiner anderen vertauschen konnte".

In einem anderen Jahr hatte er in der Karwoche in Rom gepredigt; offenbar wurde seine Muttersprache auch im übrigen Italien verstanden. „Er befaßte sich mit dem, was dem Volke nützlich war. Spitzfindigkeiten überließ er der scholastischen Unterredung und Lehre. Vom Volk wurde er so ehrfürchtig gehört, als käme seine Predigt von Gott."

Ein Zeuge berichtet, daß er mit geschlossenen Augen predigte. Er sprach aus der Überfülle des Herzens und kommentierte einen Artikel des Credo nach dem anderen, das Vaterunser und, wie es scheint, auch das Ave-Maria und die Zehn Gebote; ob er die letzteren Predigten ebenfalls in diesem Zeitraum gehalten hat, ist nicht ganz sicher. Auch während der Predigten schrieben Schnellschreiber mit, deren lateinische Übersetzung erhalten ist. In gewisser Weise ist in diesen Predigten das Testament seines Denkens und seines Herzens niedergelegt. Wie hatte der Magister der Theologie bei seiner Antrittsvorlesung gesagt: „Aus der Höhe der göttlichen Weisheit wird der Geist der Lehrer getränkt, und durch ihren Dienst wird hernach das Licht der göttlichen Weisheit in den Geist der Zuhörer geleitet."

Am 6. Dezember 1273 feierte Magister Thomas die Messe in der Nikolaus-Kapelle in Neapel. Danach war er verändert. Er wollte nichts mehr diktieren und nichts mehr schreiben. Reginald erinnerte ihn daran, daß er den 3. Teil seiner *Summe*, der mitten im Traktat über die Buße abbrach, beenden solle. Bruder Thomas antwortete ihm schlicht: „Ich kann nicht mehr." Offensichtlich hatte seine unermüdliche Arbeit ihn erschöpft. Aber noch etwas anderes muß eine Rolle gespielt haben. Auf das weitere Drängen Reginalds reagierte Thomas mit den Worten: „Ich kann nicht mehr. Alles, was ich geschrieben habe, erscheint mir wie Stroh im Vergleich zu dem, was ich gesehen habe und was mir geoffenbart wurde."

Thomas von Aquin ahnte wohl, daß seine Tage gezählt waren, und er spürte, daß alles Lernen hier auf Erden dem

Ende zuging. Bald sollte der „Ursprung von allem“ ihn belehren.

Mit den Gaben des Verstandes und der Weisheit, um die er unablässig gebetet hatte, war er überreich beschenkt worden; auf ihnen ruhte sein ganzes Forschen und Lehren. Nun war Bruder Thomas auf tiefere Weise mit Gott, den er immer gesucht und dem er gedient hatte, in Berührung gekommen. In der Betrachtung eröffnete sich ihm eine Schau, welche die Grenze, die uns vom transzendenten Gott trennt, überwand. Und für das, was er geschaut hat, fehlen ihm die Worte.

Wenn man einigen Zeugen Glauben schenkt – zugegeben: Zeugen zweiter Hand –, hatte Bruder Thomas öfter Ekstasen und Visionen. Einmal sollen die Apostel Petrus und Paulus zu ihm gekommen sein, um ihm einen Text des Propheten Jesaja zu erläutern. „Fast jeden Tag war er über die Sinne erhoben“, schreibt Wilhelm von Tocco, was uns unwahrscheinlich vorkommen mag. Wilhelm selbst war überzeugt, sich in einer Vision mit dem hl. Thomas unterhalten zu haben. Allerdings hatte er diese Vision im Schlaf, und einem schlafenden Zeugen müssen wir nicht unbedingt volles Vertrauen entgegenbringen ...

Andere Zeugen sagten, sie hätten Thomas zwei Ellen über den Boden erhoben gesehen, einmal in Salerno und ein weiteres Mal im Konvent von Neapel. Sein Hagiograph hält die Levitation in gewisser Weise für natürlich: „Es war angemessen, daß der Leib, den keine Leidenschaft verletzt hatte, seiner Seele gehorsam folgte.“

Ein anderes Mal soll der Küster im Konvent von Neapel Bruder Thomas im nächtlichen Gebet in der Kapelle angetroffen haben: „Er sah ihn fast zwei Ellen hoch über dem

Boden schweben. ... Plötzlich hörte er eine Stimme, die vom Bild des Gekreuzigten ausging: ‚Thomas, du hast gut von mir geschrieben. Welchen Lohn möchtest du für deine Mühen empfangen?' Er antwortete: ‚Herr, keinen anderen Lohn als dich!'" Der Biograph fügt hinzu, daß Thomas damals in seiner *Summe der Theologie* gerade die Kapitel bearbeitete, die vom Leiden und von der Auferstehung Christi handeln.

Ein ähnliches Erlebnis berichtet Wilhelm von Tocco aus der Pariser Zeit des Thomas. Als er über das Wunder der Eucharistie schrieb, sei ihm, wie einige Brüder bezeugten, Christus erschienen, habe auf das Manuskript gezeigt, das Thomas ihm entgegenhielt, und gesagt: „Du hast gut geschrieben über das Sakrament meines Leibes." Die Historiker sagen uns, es sei möglich, daß beiden Erzählungen derselbe Vorgang zugrunde liege. Die überlieferten Worte wurden immer wieder zitiert und kommentiert. Unabhängig davon, ob sie tatsächlich so gehört wurden oder nicht: Sie verweisen auf das, was für die Heiligkeit von Thomas wesentlich ist. Sein ganzes Leben lang hat er Gott gesucht, und seine ganze Sehnsucht war es, mit ihm ewig vereint zu sein.

Nach der Vision vom 6. Dezember 1273, seit der er nichts mehr schreiben wollte, ordneten die Oberen an, er solle sich zur Erholung zu seiner Schwester Theodora auf das Schloß San Severino südlich von Neapel zurückziehen, was er – begleitet von einigen Brüdern, unter ihnen Reginald von Piperno – auch tat.

Als er ins Kloster zurückgekehrt war, lud der Ordensgeneral Johannes von Vercelli ihn ein, am Konzil teilzunehmen, das Papst Gregor X. nach Lyon einberufen hatte. Man

„Thomas, du hast gut über mich geschrieben. Welchen Lohn erwartest du dafür?" - „Keinen anderen Lohn, Herr, erwarte ich mir als dich allein."

wollte Magister Thomas als Experten dabei haben, vor allem für die Frage der Ostkirchen. Thomas von Aquin hatte sich mit diesem Thema beschäftigt und darüber ein Werk veröffentlicht. So machte er sich im Januar auf den Weg, zusammen mit Reginald und zwei weiteren Priestern. Im Februar 1274 erreichten sie das 175 Kilometer entfernte Schloß Maenza. Dort wohnte eine Nichte von Thomas, Francesca de Ceccano, die er nach seiner Rückkehr nach Neapel mehrmals besucht hatte.

Das Schloß lag nicht weit von Monte Cassino entfernt. Der Abt ließ den großen Theologen bitten, in der Abtei zu einigen Fragen der Moral, über die die Mönche unterschiedlicher Meinung waren, Stellung zu nehmen. Thomas entschuldigte sich; man solle ihm die fraglichen Texte schikken, er werde dann seine Anmerkungen machen. Eine Abschrift seiner Antworten befindet sich im Archiv des Klosters, in dem er etwa 45 Jahre zuvor lesen und schreiben gelernt hatte.

Thomas lag nicht mehr viel an ehrenvollen Aufträgen. Er war erschöpft. Auch den Appetit hatte er verloren, was seine Nichte und Reginald beunruhigte. Sie überlegten, wie sie ihm eine Freude machen könnten. „Glaubt Ihr", fragte er, „man könnte frische Heringe finden?" Er erinnerte sich, daß er in Frankreich solche gegessen hatte. Aber wie sollte man hier, auf Schloß Maenza in der Campagna, frische Heringe bekommen? Der Zeuge, der die Geschichte erzählt, Bruder Petrus von Fossanova, war zu dem Zeitpunkt mit drei oder vier Brüdern zu Besuch auf Maenza. Er berichtet: „Man meldete einen Fischhändler, Bordonarius genannt, der wie gewöhnlich mit Sardinen gekommen war. ... Aber als er den Korb öffnete, fand man ihn gefüllt mit frischen Heringen." Alle hielten es für ein Wunder, und obwohl der Kranke zunächst zögerte, ließ man sich mit ihm diese Aufmerksamkeit der Vorsehung schmecken.

Aber weder die Heringe noch die Kunst eines Arztes reichten aus, dem Kranken die Gesundheit wiederzugeben. Thomas bat die Zisterzienser von Fossanova, ihn in ihre Abtei zu bringen, die etwa zwölf Kilometer entfernt lag; denn ein Kloster der Predigerbrüder gab es nicht in der Nähe. Da er nicht mehr gehen konnte, besorgte man ihm ein Reittier. Der Abt nahm ihn mit großem Wohlwollen auf und stellte ihm seine eigenen Räume zur Verfügung. Die Brüder suchten im Wald Brennholz, denn im Februar und März ist es noch kalt, und der Kranke wurde von Fieber geschüttelt. Kaum angekommen, sagte er mit Psalm 132: „Dies ist der Ort meiner Ruhe für immer" (Vers 14). Thomas machte sich keine Illusionen.

Obwohl er sehr geschwächt war, konnten die Mönche ihn dazu bewegen, ihnen geistliche Instruktionen zu geben. Thomas kommentierte für sie das Hohelied. Wilhelm von Tocco schreibt: „Es war für den Lehrer vor seinem Übergang aus dem Gefängnis des Leibes wohl angemessen, daß sein Studium der Weisheit in dem Hohenlied der Liebe des Geliebten und der Geliebten ende."

Mehrere Mönche von Fossanova sagten später beim Heiligsprechungsprozeß aus. Sie lobten die Einfachheit, die Demut, Geduld und Sanftmut des Kranken, den einige von ihnen fast einen Monat lang in der Abtei gepflegt hatten.

Bruder Petrus erzählt von den letzten Tagen: „Er empfing mit Verehrung und Andacht die Sakramente der Kirche. Bevor ihm der Leib des Herrn gereicht wurde, sprach er vor dem ganzen Konvent der Abtei und zahlreichen Predigern

Thomas liegt krank in Fossanova. Er kommentiert für die dortigen Brüder das Hohelied.

und Minderbrüdern unter anderem diese Worte: ‚Ich habe über den hochheiligen Leib und die anderen Sakramente vieles gelehrt und geschrieben, in Treue zu Christus und der heiligen römischen Kirche, deren Urteil ich alles unterwerfe und darbiete.'"

Drei Tage später, am Morgen des 7. März 1274, starb Thomas; er war noch keine 50 Jahre alt.

Es scheint, daß er den Wunsch geäußert hatte, in seinem Kloster in Neapel beerdigt zu werden. Mehr als 50 Jahre zuvor hatte der hl. Dominikus in Bologna gesagt: „Möge es Gott gefallen, daß ich nicht anderswo als unter den Füßen meiner Brüder begraben werde!" Man konnte ihn noch vor seinem Tod dorthin bringen. Thomas war jetzt tot, und Neapel war weit. Der Totengottesdienst wurde in der Abtei von Fossanova gehalten. Der Ruf der Heiligkeit des großen Lehrers war so verbreitet, daß sich viele Predigerbrüder und Franziskaner und sonstige Priester und Ordensleute einfanden, auch der Bischof der Diözese Terracina, einer Stadt in der Nähe der Abtei war dabei. Sicher kamen auch einige Angehörige, so seine Nichte Francesca, die ihn ein paar Wochen vorher gepflegt hatte. Da sie als Frau die Abtei nicht betreten durfte, bat sie den Abt, man möge den Sarg ihres Onkels an das Tor des Klosters bringen. Er erfüllte ihr diesen Wunsch.

Der Chronist erzählt, daß das Wehklagen um den Toten bis in den Stall drang, wo das Maultier stand, das den Bruder Thomas getragen hatte. „Es zerriß den Halfter, lief aus dem Stall und kam, von niemandem geführt, zur Bahre und brach dort ohne irgendein anderes Leiden tot zusammen." Gott wollte so, fährt der Chronist fort, „sogar die

Tiere an der allgemeinen Trauer teilnehmen lassen, um zu zeigen, welch großes Licht der Kirche erloschen war".

Bruder Reginald von Piperno hielt in großer Bewegtheit die Grabansprache für Magister Thomas, der lange Jahre sein Meister und Freund gewesen war und ihm volles Vertrauen entgegengebracht hatte.

Heiligsprechung

(1323)

Der Leichnam des hl. Thomas wurde in Fossanova am Fuße des Hauptaltars bestattet, trotz der Einwände der Dominikaner von Neapel, die die Reliquien ihres Heiligen zurückhaben wollten. Man weiß, welch große Bedeutung das Mittelalter den Reliquien und dem Reliquienkult zumaß. In einem Kondolenzschreiben brachten die Magister der Artistenfakultät der Universität Paris vor, seine sterbliche Hülle gehöre dorthin, wo er als Magister gewirkt hat und wo er berühmt wurde, nach Paris. Wie dem auch sei, die Zisterzienser von Fossanova erreichten, daß sie den Leichnam des Thomas von Aquin zunächst behalten konnten. Hundert Jahre später, 1369, ordnete Papst Urban V. an, daß er nicht nach Paris, sondern nach Toulouse überführt werden solle, wo er heute noch in der Kirche St. Jakobus ruht.

Es war ganz natürlich, daß man an eine Heiligsprechung des Thomas von Aquin dachte. Im 13. Jahrhundert erfolgte die Kanonisation manchmal schon wenige Jahre nach dem Tod: Antonius von Padua wurde ein Jahr nach seinem Tod heiliggesprochen, Franz von Assisi und Klara zwei Jahre nach ihrem Tod, Dominikus zwölf Jahre und Petrus von Verona ein Jahr nach seinem Tod. Bei Thomas ging es nicht so schnell. Dies lag zum einen daran, daß die römische Kirche bei der Aufnahme neuer Heiliger in ihren Kalender allmählich restriktiver verfuhr, zum anderen wurde in Paris die Lehre des Magisters Thomas heftig diskutiert.

Erst im Jahr 1317 beauftragte das Provinzkapitel von Sizilien Wilhelm von Tocco, einen betagten Ordensmann, der in seiner Jugend im Kloster von Neapel den Magister Thomas kennengelernt hatte, mit Untersuchungen über die Wunder, die ihm zugesprochen wurden; Wilhelm sollte möglichst bald bei Papst Johannes XXII., der sich in Avignon aufhielt, vorstellig werden und ihm das Gesuch zur Eröffnung des Verfahrens der Heiligsprechung vortragen. Es wurde ein ordnungsgemäßer Prozeß in Neapel und ein anderer in Fossanova geführt. Glücklicherweise sind sowohl die Akten des Prozesses wie auch die Vita erhalten, in der Wilhelm von Tocco alles, was er im Laufe seiner Nachforschungen in Erfahrung bringen konnte, festgehalten hat. Natürlich spielen darin Wunder, die in einer Hagiographie nicht fehlen durften, eine große Rolle, doch der Hauptakzent liegt auf den Tugenden des hl. Thomas.

Große Bedeutung kommt in Wilhelms Vita den Visionen zu, sowohl den Visionen, die Thomas hatte, wie auch den Erscheinungen des Thomas nach seinem Tod. Niemand bezweifelte damals die Möglichkeit einer derartigen Kommunikation zwischen unserer und der „anderen" Welt. Die 42 Zeugen in Neapel betonten diese wundersamen Züge im Leben des hl. Thomas. Der Papst und die Kurie in Rom waren tief beeindruckt. Dem Verfahren, das den Regeln entsprechend durchgeführt wurde, folgte die feierliche Kanonisation am 18. Juli 1323 in Avignon. Auch Robert der Weise, Herzog von Anjou und König von Neapel, nahm an den Feierlichkeiten teil; er hatte angeordnet, der Tag solle in Avignon wie das Weihnachtsfest begangen werden.

Die Heiligsprechungsbulle beginnt damit, daß sie die Tugenden herausstellt, in denen die Heiligkeit des Thomas von Aquin bestanden habe, seine Treue in der Beobachtung der Gelübde, seine vollkommene Keuschheit, die von allen bezeugt wurde, sein Gleichmut gegenüber irdischen Gütern, seine Nüchternheit, seine Sanftmut, seine Güte, seine Demut, seine Geduld in der Krankheit. Seine berufliche Tätigkeit wurde so zusammengefaßt: „Dieser Diener Gottes war ganz den göttlichen Werken hingegeben, er widmete sein Leben der Erziehung und Bildung, worin er alle übertraf, der Predigt, mit der er die Menschen bewegte, der Ausarbeitung von Schriften, die von der Tiefe seines Denkens zeugen; und in allem legte er einen Eifer an den Tag, daß er sich außer den Stunden für den Schlaf und anderen Erfordernissen der Natur nicht die geringste Ruhepause gönnte."

Als im August 1318 die ersten Eingaben erfolgten, in denen die Heiligsprechung des Thomas von Aquin gewünscht wurde, hatte Papst Johannes XXII. erklärt: „Wir glauben fest, daß Bruder Thomas im Himmel ist, denn sein Leben war heiligmäßig, und seine Lehre war ohne Wunder gar nicht möglich." Einige Tage später sagte er zu den Kardinälen: „Er hat die Kirche mehr erleuchtet als alle anderen Lehrer, und durch die Lektüre seiner Schriften gewinnt man während eines einzigen Jahres mehr, als wenn man die Lehre anderer Theologen ein Leben lang studiert."

Das war eine eindeutige, vielversprechende Stellungnahme. Die Lehre des Magisters Thomas hatte nämlich auch großen Widerstand gefunden. Da Magister Thomas sich unerschütterlich mit dem Denken des Aristoteles auseinandersetzte, warf ihm Bonaventura, der Ordensgeneral der Franziskaner, vor, er würde damit „das Wasser der Vernunft in den reinen Wein der göttlichen Weisheit gießen". Thomas antwortete darauf, daß in Kana das Wasser in Wein verwandelt worden sei. Mit anderen Worten, das Denken des Aristoteles müsse in der Theologie den ihm angemessenen Platz finden. Averroes, der arabische Kommentator des Aristoteles, und Siger von Brabant gingen den falschen Weg, aber man dürfe nicht alles in Bausch und Bogen verurteilen.

Nach dem Tod des Magisters Thomas schickten die Intellektuellen der Artistenfakultät in Paris nicht nur Kondolenzschreiben an das Kapitel der Dominikaner, sie baten auch darum, man möge ihnen einige der letzten Schriften des Meisters zusenden. Ein Werk, das sie haben wollten, handelte über „Wasserzuleitung und hydraulische Maschinen". Fragen dieser Art gefährdeten sicher nicht den Glauben, aber der ganze Vorgang und die Bestrebungen der „Artisten" insgesamt, die im Verdacht standen, Averroisten zu sein, waren für die Lehre des Thomas von Aquin kompromittierend. Der Bischof Etienne Tempier verurteilte am 7. März 1277, auf den Tag genau vier Jahre nach dem Tod von Thomas, eine lange Reihe von häretischen oder gefährlichen Sätzen. Darunter auch Auszüge aus Werken des Thomas von Aquin.

Diese Verurteilung lastete schwer auf den Debatten der Universitäten von Paris und Oxford. Die Dominikaner vertraten die Position, die Verurteilung gelte nur in den Diözesen Paris und Canterbury; sie blieben dem Denken des Thomas von Aquin treu. Auf den Generalkapiteln der Franziskaner wurde, mit Berufung auf Bonaventura, ausdrücklich untersagt, nach der Lehre des Thomas von Aquin zu unterrichten.

Als Papst Johannes XXII. Thomas von Aquin 1323 heiligsprach, hat der Nachfolger von Etienne Tempier, Bischof Etienne Bourrat, am 14. Februar 1325 die Verurteilung von 1277 in allem, was die Werke des hl. Thomas betraf, annulliert.

Wilhelm von Tocco konnte 1318 in seiner Lebensbeschreibung festhalten: „Es ist für alle offenkundig, daß in der ganzen Welt unter den katholischen Gläubigen an allen Schulen in Philosophie und Theologie nichts anderes gelesen wird, als was aus seinen Schriften geschöpft wird. ... Wer von seinen Schriften abweichen wollte, würde im Glauben und in den Sitten fehlgehen."

Seit 1317 nannte man Thomas von Aquin mit dem Ehrentitel *Doctor communis*, allgemeiner Lehrer. In den folgenden Jahrhunderten hieß es: *Quot articulos, tot miracula*, wie viele Artikel (in seinen Werken), so viele Wunder. Das war natürlich nicht wörtlich gemeint, nicht die einzelnen Artikel, sondern das gesamte philosophische und theologische Werk galt als Wunder an Vernunft und Heiligkeit. Im 15. und 16. Jahrhundert nannte man ihn „Doctor angelicus", den Lehrer, der wie ein Engel war. Im seinem Werk wird deutlich, was Heiligkeit im Denken bedeutet. Hierin ist auch der Grund zu sehen, daß Papst Leo XIII. im Jahr 1880 Thomas zum Patron für das katholische Schulwesen erklärte.

Der Gedenktag des hl. Thomas von Aquin wurde zunächst auf seinen Todestag, den 7. März gelegt. Bei der letzten Liturgiereform wurde dieser Tag, der immer in die Fastenzeit fiel, auf den 28. Januar verlegt, auf den Tag der Überführung seiner Reliquien in die Kirche St. Jakobus in Toulouse (28. Januar 1369).

Die Übertragung der Gebeine des hl. Thomas nach Toulouse am 28. Januar 1369

Der Dichter des Altarsakraments

Das liturgische Werk des hl. Thomas ist nicht unmittelbar aus seiner wissenschaftlichen Tätigkeit entstanden, sondern eher aus seinem kontemplativen Leben und seiner Beschäftigung mit der Bibel.

Als Juliana von Lüttich 1230 in einer Vision den Auftrag verspürte, die Einführung eines neuen Festes im liturgischen Jahr zu betreiben, an dem Christus in besonderer Weise in der Eucharistie verehrt werden sollte, gelang es ihr, Kardinal Hugo von Saint-Cher aus dem Dominikanerorden und einen weiteren Prälaten aus Frankreich, Pantaleon von Troyes, den späteren Papst Urban IV., zu überzeugen. Zunächst wurde in Lüttich ein Offizium ausgearbeitet, doch dann entschied Papst Urban IV., das Fest solle in der gesamten Kirche eingeführt und am Donnerstag nach dem Dreifaltigkeitssonntag gefeiert werden. Er beauftragte Magister Thomas von Aquin – das ist heute so gut wie sicher, auch wenn einige Historiker Zweifel äußern –, den Text des Offiziums und der Messe für dieses Fest auszuarbeiten. Nach einer Legende, die im Mittelalter weit verbreitet war, soll auch der hl. Bonaventura mit dieser Aufgabe betraut worden sein. Als dieser aber Kenntnis erhalten habe, was der Dominikaner daraus gemacht hatte, sei er von solcher Bewunderung erfüllt gewesen, daß er sein eigenes Manuskript zerrissen habe. Das ist natürlich eine Legende; Tatsache ist, daß der Text des Magisters Thomas der päpstlichen Bulle, die zur Einführung des Festes an die ganze Christenheit gerichtet wurde, beigefügt war. Dieses Offizium wird seither am Fronleichnamstag gebetet und gesungen.

Heute kennt man vielleicht noch das Lied „Adoro te devote“ (Gottheit tief verborgen)[5], das „Tantum ergo“[6] vor dem sakramentalen Segen oder auch den Kehrvers „Lauda Sion Salvatorem“[7] zu Beginn der Sequenz in der von Thomas ausgearbeiteten Messe. Ohne Kenntnis des Lateinischen ist es aber kaum möglich, die poetische Kraft dieser liturgischen Hymnen zu erspüren und zu schätzen; sie bergen in sich präzises theologisches Denken und lassen zugleich im Rhythmus und im Klang der Worte eine große literarische Meisterschaft erkennen. Obwohl jede Übersetzung nur mangelhaft ausfallen kann, soll hier der vollständige Text einer dieser Hymnen, des „Pangue lingua“, in der deutschen Übertragung von Maria Luise Thurmair wiedergegeben werden.[8] In seinem Leben wie in seiner Lehre bezeugt Thomas, daß das wunderbarste Werk Gottes die Menschwerdung seines Sohnes ist, ein Geheimnis, das nur staunend bewundert und gepriesen werden kann: „Preise, Zunge, das Geheimnis ...“

Das Geheimnis laßt uns künden,
das uns Gott im Zeichen bot:
Jesu Leib für unsere Sünden
hingegeben in den Tod,
Jesu Blut, in dem wir finden
Heil und Rettung aus der Not.

Von Maria uns geboren,
ward Gott Sohn uns Menschen gleich,
kam zu suchen, was verloren,

sprach das Wort vom Himmelreich,
hat den Seinen zugeschworen:
Allezeit bin ich bei euch.

Auf geheimnisvolle Weise
macht er dies Versprechen wahr;
als er in der Jünger Kreise
bei dem Osterlamme war,
gab in Brot und Wein zur Speise
sich der Herr den Seinen dar.

Gottes Wort, ins Fleisch gekommen,
wandelt durch sein Wort den Wein
und das Brot zum Mahl der Frommen,
lädt auch die Verlornen ein.
Der Verstand verstummt beklommen,
nur das Herz begreift's allein.

Gott ist nah in diesem Zeichen:
Kniet hin und betet an.
Das Gesetz der Furcht muß weichen,
da der neue Bund begann;
Mahl der Liebe ohnegleichen:
nehmt im Glauben teil daran.

Gott dem Vater und dem Sohne
singe Lob, du Christenheit;
auch dem Geist auf gleichem Throne
sei der Lobgesang geweiht.
Bringet Gott im Jubeltone
Ehre, Ruhm und Herrlichkeit.

Dem Theologen und Dichter Thomas gelingt es, in diesen Hymnen dem eucharistischen Glauben der katholischen Kirche Ausdruck zu verleihen. Wenn man die Auswahl der Psalmen, die Abfolge der Antiphonen und Responsorien betrachtet, zeigt sich, wie sehr die Lehre des Magister Thomas, die er in seiner *Summe der Theologie* entfaltet hat, biblisch begründet ist. Er ist beseelt von dem Anliegen, nicht zuviel Gewicht auf den äußeren Ablauf des Festes zu legen, sondern den Glauben mehr durch Lehre, Predigt und Gebet zu erwecken. Vor Jesus in der Eucharistie betet er:

„Ich komme wie ein Kranker zum Arzt des Lebens, wie ein Unreiner zur Quelle des Erbarmens, wie ein blinder zum Licht der ewigen Klarheit, wie ein Armer zum Herrn des Himmels und der Erde. Barmherziger Gott, gib, daß ich nicht nur äußerlich das Sakrament des Leibes und Blutes des Herrn empfange, sondern auch innerlich dessen Wesen und Kraft, daß ich verdiene, seinem geheimnisvolle Leib einverleibt zu werden.

Liebreichster Vater, laß mich deinen geliebten Sohn, den ich jetzt auf dem Weg dieses Lebens verhüllt empfange, einst mit unverhülltem Angesicht ewig schauen.“[9]

Fortwirken

Thomas von Aquin ist in die Geschichte eingegangen als Autor eines großen theologischen Lehrgebäudes, der *Summa theologiae.* Als Dante um 1300 seine *Göttliche Komödie* schrieb, gab es für ihn keinen Zweifel: Thomas von Aquin ist der Theologe schlechthin. Beatrice, die symbolische Verkörperung des Glaubens und der seligen Schau, führt Vergil zu ihm, und der römische Dichter erhält zur Antwort: „Ich bin eines der Schafe, die der hl. Dominikus geweidet hat ... Der hier zu meiner Rechten war mein Bruder und Lehrer, Albert von Köln, und ich, ich bin Thomas von Aquin." Während mehrerer Gesänge des *Paradieses* ist es Thomas, der Vergil Unterricht in der Geschichte des christlichen Denkens gibt und ihn in die großen Fragen des menschlichen und göttlichen Wissens einführt.

In den folgenden drei Jahrhunderten entstanden mehrere theologische Schulen, die oft im Gegensatz zum Thomismus standen. Der Dominikanerorden aber hielt ihm die Treue. Auf dem Konzil von Trient, das zwischen 1545 und 1563 stattfand, erhielt seine *Summa theologiae* in der Mitte des Versammlungsraumes einen Ehrenplatz neben der Bibel. 1567 erklärte Papst Pius V. den hl. Thomas zum Kirchenlehrer. Im vorigen Jahrhundert gab Papst Leo XIII. mit der Enzyklika *Aeterni Patris* (1879) den Anstoß für eine außergewöhnliche Renaissance seines Denkens. In dem päpstlichen Schreiben heißt es: „Indem Thomas, wie es sich gebührt, zwischen Vernunft und Glaube genau unterschied, beide aber wie in einem Freundschaftsbund einte, hat er die Rechte beider gewahrt, aber ebenso für beider Würde Sorge getragen." Das Zweite Vatikanische Konzil, das sich ein Dutzend mal auf Thomas beruft, empfiehlt den Theologen, nach wie vor seiner Lehre zu folgen. Doch das Konzil wollte auch eine zu große Nähe zu einem bestimmten traditionellen Thomismus vermeiden, der dem hl. Thomas, der zu seiner Zeit als Neuerer galt, nicht gerecht wird.

Es gibt keinen anderen Weg zur Heiligkeit als den Weg der Liebe, der Liebe zu Gott und zum Nächsten. Thomas von Aquin bezeichnete die Liebe als Freundschaft mit Gott, die in Gott selbst ruht und aufgerufen ist, ohne Unterlaß zu wachsen. Wenn er vor Mitgliedern der Universität predigte, erinnerte er sie gerne daran, daß eine arme Alte, eine *vetula*, die an Jesus Christus glaubt, mehr weiß als alle Philosophen und Gelehrten zusammen. Der Glaube der einfachen Leute und die Liebe, das Werk des Heiligen Geistes, sind das Herz der Kirche. Aber die Heiligkeit kann viele verschiedene Formen annehmen. Charakteristisch für die Heiligkeit des Thomas von Aquin ist sein Bemühen, die Vernunft in den Dienst des Glaubens zu stellen. Seine Berufung war es, immer mehr und ohne Unterlaß einzudringen in die Geheimnisse Gottes, nicht für sich allein, nicht in der Art eines Eremiten, sondern um ihren Glanz zum Leuchten zu bringen.

Ein junger Mitbruder, Johannes, stellte Thomas die Frage, wie man erfolgreich studieren könne. Thomas antwortete mit einem kurzen Brief, der, auch wenn er erst siebzig Jahre nach seinem Tod zum ersten Mal erwähnt wird, von mehreren Thomaskennern für echt gehalten wird:

„In Christus geliebter Johannes, weil Du mich gefragt hast, wie Du studieren sollst, um den Schatz der Wissenschaft zu erwerben, gebe ich Dir folgenden Rat:
Suche nicht vom Bach her sofort ins Meer zu gelangen; denn man muß vom Leichteren zum Schwierigeren fortschreiten.
Ich ermahne und belehre Dich: Sei behutsam im Reden; gehe nur mit Zögern ins Sprechzimmer.
Bemühe Dich um ein reines Gewissen.
Höre nicht auf, Dir die Zeit zum Beten zu nehmen.
Bleibe lieber in Deiner Zelle, wenn Du in den Weinkeller gehen möchtest.
Sei liebenswürdig zu allen.
Frage nie danach, was die anderen tun.
Sei zu niemand allzu vertraulich, denn übergroße Vertraulichkeit führt zu Verachtung und lenkt vom Studium ab.
Mische Dich nicht ein in das, was die Leute in der Welt sagen und tun.
Meide jegliche Wortgefechte.
Lasse nicht davon ab, den Spuren der Heiligen und der guten Menschen zu folgen.
Achte nicht darauf, von wem Du etwas hörst, sondern behalte das Gute im Gedächtnis, das gesagt wird.
Sieh zu, daß Du verstehst, was Du liest und hörst.
Im Zweifel schaffe Dir Klarheit.
Bewahre im Schränklein Deines Geistes so viel auf, wie Du vermagst, wie jemand, der ein Gefäß füllen will.
Forsche nicht nach dem, was Dich überfordert.
Folgst Du diesen Spuren, wirst Du Reben und Früchte hervorbringen, die im Weinberg des Herrn nützlich sind.
Und Du wirst erreichen, wonach Du verlangst."

Thomas mit seinen hagiographischen Attributen: Die Taube des Heiligen Geistes flüstert ihm ins Ohr, auf der Brust die Sonne der Weisheit. Im Hintergrund zwei Bücherbretter mit seinen Werken. Zu seiner Rechten die päpstliche Tiara und ein Buch, auf dem der Name Gregor X. steht. Dieser Papst führte den Vorsitz auf dem Konzil zu Lyon, an dem Thomas hätte teilnehmen sollen. Doch auf dem Weg nach Lyon ist Thomas gestorben. Das Spruchband trägt die Worte der Heiligsprechung, die Thomas kennzeichnen sollen: Quot articulos, tot miracula (Jeder Abschnitt seines Werkes ist ein Wunder).
Die linke Hand liegt auf einem Buch, aus dem eine Schlange hervorkommt. Sie trägt den Namen Martin Bucer (1491-1551), eines Dominikaners aus Straßburg, der sich der Reformation angeschlossen hat und in Flandern großen Einfluß gewann. Ihm wird der berühmte Satz zugeschrieben, der auf der Bandarole steht: Tolle Thomas et dissipabo Ecclesiam (Entferne Thomas, und ich sprenge die Kiche).

QVOT ARTICVLOS
Tolle
SVCERVS

Zeittafel

1215	*Gründung des Ordens der Predigerbrüder*
1221	*Tod des hl. Dominikus*
1224/25	Geburt des Thomas von Aquin
	Gründung der Universität Neapel
1226	*Tod des hl. Franziskus*
1229-39	Schüler und Oblate bei den Benediktinern in Monte Cassino
1239-44	Student an der Universität von Neapel
1244	Eintritt in den Orden der Dominikaner
	Hausarrest in San Giovanni
1245	*Konzil von Lyon, Absetzung Friedrichs II.*
1245-48	Student in Paris, Bruder im Kloster St. Jacques
1248	*Grundsteinlegung des Kölner Doms*
1248-52	Mit Albert dem Großen in Köln
1248-55	*Lehrtätigkeit des hl. Bonaventura in Paris*
1250	*Tod Friedrichs II.*
1252-56	Baccalaureus in Paris
1257-59	Magister der Theologie in Paris
1259-68	Berater und Lehrer am päpstlichen Hof
1265	*Geburt Dantes*
1269-72	Lehrtätigkeit in Paris
1270	*Tod Ludwigs IX.*
1272-74	Lehrtätigkeit in Neapel
1274	Am 7. März: Tod des hl. Thomas in Fossanova
	Tod des hl. Bonaventuras
1280	*Tod des hl. Albertus Magnus*

Verzeichnis der Werke des Thomas von Aquin

Kommentare zur Heiligen Schrift
Super Iob „ad litteram“ (um 1263)
Super Psalmos (Ps 1-54; um 1272)
Super Isaiam (1252-56)
Super Ieremiam
Super Threnos
Expositio continua super IV Evangelia od. Catena aurea
Super Matth. (1263)
Lectura super Evangelium S. Matthei
Lectura super Evangelium S. Joannis
Expositio super S. Pauli Apostoli epistolam ad Romanos
Expositio super S. Pauli Apostoli epistolam primam (secundam) ad Corintios
Lectura super S. Pauli Apostoli epistolam ad Ephesios
Lectura super S. Pauli Apostoli epistolam ad Galatas
Lectura super S. Pauli Apostoli epistolam ad Hebreos

Kommentare zu Werken anderer Autoren
Super Dionysium De divinis nominibus
Super Boethium De trinitate (um 1257)
Super Boethium De hebdomadibus

Kommentare zu Aristoteles
Super Perihermenaias I-II 2 (1269-72)
Super Posteriora Analytica
Super VIII lib. Physicorum
Super De caelo et mundo I-III 6 (um 1272)
Super De generatione et corruptione I 1-17
Super Lib. Meteorum I-II 10
Super III lib. De anima
Super De sensu et sensato
Super De memoria er reminiscentia
Super XII lib. Metaphysicae
Super X lib. Ethicorum (um 1269)
Super Politicam I bis III 6
Super De causis (um 1272)

Hauptwerke
Super IV lib. Sententiarum
(1253-59; Sentenzenkommentar)
Contra Gentiles (1259-67)
Summa theologiae I (um 1267), 1 II u. 2 II
(um 1269-72), III qq. 1-90 (1272-73)

Quaestiones disputatae
De veritate (1256-59)
De immortalitate animae
De potentia (Dei) (1265-67)
De spiritualis creaturis (um 1268)
De anima (1269)
De virtutibus, De Malo (1269-72)
De Unione Verbi incarnati (um 1272)
Quodlibeta VII-XI (1256-59), I-VI (1269-72)

Opuscula

Contra errores Graecorum ad Urbam papam (1263)
Compendium theologiae ad fr. Reginaldum
Collationes super Pater Noster, Ave Maria,
Credo in Deum
De rationibus fidei ad cantorem Antiochenum (1264?)
Collationes de decem praeceptis
De articulis fidei et Ecclesiae sacramentis ... (1261)
Responsiones de quaestionibus ... (um 1265; 1271)
De Substantiis separatis (um 1272)
De unitate intellectus contra Averroistas (1270)
Contra retrahentes a religione
De perfectione vitae spiritualis (1270)
Contra impugnantes Dei cultum (um 1256)
De regno ad regem Cypri (um 1266)
De regimine Judaeorum ad ducissam Brabantiae
De forma absolutionis (1270)
Super I et II decretalem ad archidiaconum Tudertinum
De sortibus ad dominum Iacobum de Tonengo (1270-71)
De iudiis astrorum
De aeternitate mundi contra murmurantes (1270)
De ente et essentia (um 1255)
De principiis naturae ad fr. Sylvestrum
De mixtone elementorum ad mag. Philippum
de Castro caeli
De occultis operibus naturae ad quendam militum
ultramontanum
De motu cordis ad eundum
De emptione et venditione ad tempus ad fr. Iacobum
Viterbiensem (1263?)

Zu den Abbildungen

Die spanischen Niederlande waren während der ersten Hälfte des 17. Jahrhunderts eines der wichtigsten Zentren, in denen sich die Ideen der katholischen Reform verbreiteten. Jesuiten und Dominikaner rangen um Einfluß, sowohl durch pastorales Handeln und Predigen wie durch den Druck von Büchern und Graphiken. In dieser Zeit ließ Bischof Michel Ophonius aus dem Dominikanerorden eine Serie von Graphiken anfertigen, die das Leben des hl. Thomas illustrieren sollten, dessen Lehre allmählich zur offiziellen Lehre der Kirche wurde.

Er vertraute diese Aufgabe Otto van Veen (1556-1629) an, einem flämischen Maler und Zeichner, der mit Frederico Zucchero, einem der Lehrer von Rubens, gearbeitet hatte. Die 30 Blätter, voran ein Frontispiz, die das Werk ergeben, wurden von vier Künstlern aus Antwerpen graviert, Cornelius Boel, Egbert van Pandeeren, Cormeille Galle und Giullaume Swanderburgh.

Das Werk wurde erstmals 1610 in Antwerpen gedruckt und am Ende des 18. Jahrhunderts neu aufgelegt. Das Exemplar in der Bibliothek von Saulchoir (Paris), dem die hier wiedergegebenen Stiche entnommen sind, wurde 1788 in Brüssel veröffentlicht.

Die Darstellungen beziehen sich auf einzelne Episoden der Lebensbeschreibung des Thomas von Aquin, die im Jahr 1317 von Wilhelm von Tocco verfaßt wurde.

Anmerkungen

1 Y. Le Goff, La civilisation de l'Occident médiéval, Paris 1965, S. 13.
2 J.-R. Bouchet, Saint Dominique, Paris 1988.
3 M.-D. Chenu, Thomas von Aquin in Selbstzeugnissen und Bilddokumenten, Hamburg 2/1981, S. 26 (Saint Thomas d'Aquin et la théologie, Paris 2/1986, S. 31).
4 „Die schlimmste Ungnade, die man dem hl. Thomas in der Philosophie und Theologie auferlegen konnte, ist es gewesen, ihn zum Haupt einer für immer unvergleichlichen Schule zu machen, die keine andere Aufgabe für sich sieht, als Texte zu studieren – losgelöst von ihrem historischen Kontext, in dem sie entstanden sind, und weit entfernt von den neuen Problemen, die sich in der Welt und in der Kirche immer neu stellen" (H.-M. Féret, in: Mélanges Chenu, Paris 1967, S. 273).
5 *Gotteslob, Nr.* 546
6 Ebd., 541/542
7 Ebd., 545
8 Ebd., 543/544
9 Ebd., 374,5

Inhalt

Cándido de Dalmases SJ
IGNATIUS VON LOYOLA
Versuch einer Gesamtbiographie
des Gründers der Jesuiten

280 Seiten, gebunden.
ISBN 3-87996-235-9

„Der ausgewiesene Kenner des heiligen Ignatius, der spanische Jesuit P. Dr. Cándido Dalmases, hat den Versuch unternommen, den gegenwärtigen Stand der Forschung über das Leben des heiligen Ignatius, an der er selber beteiligt war und noch ist, in einem spannenden Buch vorzulegen. Ein anspruchsvolles Unternehmen. Viele offene Fragen sind einer Antwort, wenn nicht gar einer Lösung entgegengeführt worden. Diese Biographie gehört in jede religiöse Bibliothek.“

Das Zeichen

„Die ausgezeichnete und verläßliche Ignatiusbiographie ist allen zu empfehlen, die sich mit Ignatianischen Exerzitien befassen, sowie allen, die sich am Leben dieses Heiligen über die Entwicklung im Orden der Gesellschaft Jesu Gedanken machen.“

Heinrich Ségur SJ, in: *Ordensnachrichten*

VERLAG NEUE STADT MÜNCHEN · ZÜRICH · WIEN

Jean Leclercq
BERNHARD VON CLAIRVAUX
Ein Mann prägt seine Zeit

200 Seiten, gebunden.
ISBN 3-87996-247-2

„Er war ein einfacher Mönch, Abt, Berater von Fürsten und Päpsten, Mystiker, Erzieher und Schriftsteller. Bernhard von Clairvaux (1090-1153) war schon zu seinen Lebzeiten eine ‚Legende'. Wie kaum ein anderer hat er seine Zeit geprägt. Doch die Bücher über sein Leben, seine Werke, seine Spiritualität und Theologie erschließen kaum den geschichtlichen Bernhard.

Jean Leclercq, Benediktiner und sicher bester Kenner des Heiligen, versucht, den Bernhard der Geschichte freizulegen, der uns Menschen näher steht als jener der Legende. Er entwirft ein beeindruckendes Porträt dieses Mannes, dessen Leben und Werk bis heute auf viele Menschen anziehend wirkt und hochaktuell ist."

Stadt Gottes

VERLAG NEUE STADT MÜNCHEN · ZÜRICH · WIEN

Agostino Trapé
AURELIUS AUGUSTINUS
Ein Lebensbild

272 Seiten, gebunden.
ISBN 3-87996-205-7

A. Trapé hat versucht, den „Reichtum an Gedanken, theologischen und geisteswissenschaftlichen Entwicklungen sowie kirchengeschichtlich bedeutsamen Impulsen in der Biographie Augustins aufleuchten zu lassen. Trotz der Kürze ist ihm dies gelungen. Auf jeder Seite spürt man, wie gut der Verfasser die Person und das Werk des Kirchenvaters kennt – und wie sehr er beides liebt."

Christ und Buch

VERLAG NEUE STADT MÜNCHEN · ZÜRICH · WIEN